누렁소와 검정소

黄ろい牛と黒い牛

김소운 저작 선집 - 설화편 5

누렁소와 검정소

黄ろい牛と黑い牛

초판1쇄 발행 2024년 7월 30일

엮은이 김광식 · 나카이 히로코
펴낸이 홍종화

주간 조승연
편집 · 디자인 오경희 · 조정화 · 오성현
신나래 · 박선주 · 정성희
관리 박정대

펴낸곳 민속원
창업 홍기원
출판등록 제1990-000045호
주소 서울 마포구 토정로25길 41(대흥동 337-25)
전화 02) 804-3320, 805-3320, 806-3320(代)
팩스 02) 802-3346
이메일 minsok1@chollian.net, minsokwon@naver.com
홈페이지 www.minsokwon.com

ISBN 978-89-285-2006-0 94380
S E T 978-89-285-2001-5 94380

김소운 저작 선집 - 설화편 5

누렁소와 검정소

김광식 · 나카이 히로코 공편

金素雲 著作 選集 - 說話編 5

黄ろい牛と黒い牛

金廣植 · 中井裕子 共編

목차

Contents

해제

김소운의 「김소운 저작 선집」을 발간하며

김광식

김소운의 「김소운 저작 선집」을 발간하며

김광식

1. 선행연구에 대하여

「김소운 저작 선집」은 1940년대 조선설화집 연구의 기반을 구축하기 위해 기획되었다.

1920년대 전후에 본격화된 조선인의 민간설화 연구 성과를 정확히 자리매김하기 위해서는 1910년 이후에 본격화된 근대 일본의 연구를 먼저 검토해야 할 것이다. 해방 후에 전개된 민간설화 연구는 이 문제를 외면한 채 진행되었다. 다행히 1990년대 이후, 관련 연구가 수행되었지만, 일부 자료에 한정해 진행되었다. 그에 대해 편자는 식민지기에 널리 읽혀졌고, 오늘에도 큰 영향을 미치고 있는 주요 인물 및 기관의 자료를 총체적으로 분석하고, 그 내용과 성격을 실증적으로 검토해 왔다. 관련 논문이 축적되

면서 아래와 같은 관련 연구서도 출판되었다.

권혁래, 『일제강점기 설화 · 동화집 연구』, 고려대학교 민족문화연구원, 2013.

김광식, 『식민지기 일본어조선설화집의 연구(植民地期における日本語朝鮮說話集の硏究―帝國日本の「學知」と朝鮮民俗學)』, 勉誠出版, 2014.

김광식, 이시준 외, 『식민지시기 일본어 조선설화집 기초적 연구』 1 · 2, J&C, 2014-2016.

김광식, 『식민지 조선과 근대설화』, 민속원, 2015.

김광식, 『근대 일본의 조선 구비문학 연구』, 보고사, 2018.

김광식, 『한국 · 조선 설화학의 형성과 전개(韓國 · 朝鮮說話學の形成と展開)』, 勉誠出版, 2020.

또한, 다음과 같이 연구 기반을 조성하기 위한 영인본 『식민지시기 일본어 조선설화집 자료총서』 전13권(이시준 · 장경남 · 김광식 편, 제이앤씨)도 간행되었다.

1. 薄田斬雲, 『暗黑なる朝鮮(암흑의 조선)』 1908 영인본, 2012.
2. 高橋亨, 『朝鮮の物語集附俚諺(조선 이야기집과 속담)』 1910 영인본, 2012.
3. 靑柳綱太郞, 『朝鮮野談集(조선야담집)』 1912 영인본, 2012.
4. 朝鮮總督府 學務局調査報告書, 『傳說童話 調査事項(전설 동화

조사사항)』1913 영인본, 2012.

5. 楢木末實,『朝鮮の迷信と俗傳(조선의 미신과 속전)』1913 영인본, 2012.

6. 高木敏雄,『新日本教育昔噺(신일본 교육 구전설화집)』1917 영인본, 2014.

7. 三輪環,『傳說の朝鮮(전설의 조선)』1919 영인본, 2013.

8. 山崎源太郎,『朝鮮の奇談と傳說(조선의 기담과 전설)』1920 영인본, 2014.

9. 田島泰秀,『温突夜話(온돌야화)』1923 영인본, 2014.

10. 崔東州,『五百年奇譚(오백년 기담)』1923 영인본, 2013.

11. 朝鮮總督府(田中梅吉),『朝鮮童話集(조선동화집)』1924 영인본, 2013.

12. 中村亮平,『朝鮮童話集(조선동화집)』1926 영인본, 2013.

13. 孫晉泰,『朝鮮民譚集(조선민담집)』1930 영인본, 2013.

전술한 연구서 및 영인본과 더불어, 다수의 한국어 번역본도 출간되었다.

우스다 잔운『암흑의 조선暗黑の朝鮮』(박문사, 2016)을 시작으로, 다카하시 도루『조선이야기집과 속담』, 다카하시 도루『조선 속담집』, 강재철 편역『조선 전설동화』(전2권), 나라키 스에자네『조선의 미신과 풍속』, 다카기 도시오『해학과 미학의 한국 옛이야기』, 미와 다마키『전설의 조선』, 다지마 야스히데『온돌야화』, 이시이 마사미 편『1923년 조선설화집』, 조선총독부(다나카 우메

키치)『조선동화집』, 나카무라 료헤이『나카무라 료헤이의 조선동화집』, 핫타 미노루『전설의 평양』, 모리카와 기요히토『조선야담 전설 수필』, 손진태『조선설화집』등 많은 책이 번역되었다.

2.「근대 일본어 조선동화 · 민담집 총서」의 발간

앞서 언급했듯이, 우스다 잔운『암흑의 조선』(1908), 다카하시 도루『조선의 이야기집과 속담』(1910, 1914개정판), 조선총독부 학무국 조사보고서『전설동화 조사사항』(1913), 나라키 스에자네『조선의 미신과 속전』(1913), 미와 다마키『전설의 조선』(1919), 다지마 야스히데『온돌야화』(1923), 조선총독부(다나카 우메키치)『조선동화집』(1924), 나카무라 료헤이『조선동화집』(1926), 손진태『조선민담집』(1930) 등이 영인되고 번역되었다.

이처럼 1930년에 간행된 손진태『조선민담집』에 이르기까지의 주요 일본어 조선 설화집이 복각되었다. 계속해서 김광식은 그 중요성에도 불구하고, 복각되지 않은 자료를 정리해「근대 일본어 조선동화 · 민담집 총서」전 4권(김광식 편, 보고사)을 추가적으로 간행하였다.

「근대 일본어 조선동화 · 민담집 총서」는 편자가 수집해 온 방대한 일본어 자료 중에서 구전설화집을 위주로 선별했다. 선별기준은, 먼저 일본과 한국에서 입수하기 어려운 주요 동화 및 민담집만을 포함시켰다. 두 번째로 가급적 전설집은 제외하고, 중요한 민담집과 이를 개작한 동화집을 모았다. 세 번째로 조선민담·동화에 큰 영향을 끼쳤다고 생각되는 자료만을 엄선하였다. 「근대 일본어 조선동화·민담집 총서」의 목록은 다음과 같다.

1.『다치카와 쇼조의 조선 실연동화집』
(立川昇藏,『신실연 이야기집 연랑(新實演お話集蓮娘)』, 1926)
2.『마쓰무라 다케오의 조선·대만·아이누 동화집』
(松村武雄,『朝鮮·台灣·アイヌ童話集』, 1929, 조선 편의 초판은 1924년 간행)
3.『1920년 전후 일본어 조선설화 자료집』
4.『김상덕의 동화집/ 김소운의 민화집』
(金海相德,『半島名作童話集』, 1943/ 金素雲,『목화씨』『세 개의 병』, 1957)

위와 같이 다치카와 쇼조立川昇藏(大塚講話會 동인)의 실연(구연)동화집, 신화학자 마쓰무라 다케오松村武雄(1883-1969)의 조선동화집을 영인했다. 다음으로『1920년 전후 일본어 조선설화 자료집』에는 조선동화집을 비롯해, 제국일본 동화·민담집, 세계동화집, 동양동화집, 불교동화집 등에 수록된 조선동화를 한데 모았다. 이시이 겐도石井研堂 편『일본 전국 국민동화』(同文館, 1911), 다나카 우메키치田中梅吉 외 편『일본 민담집日本昔話集 하권』조선 편(아르스, 1929) 등의 일본동화집을 비롯해, 에노모토 슈손榎本秋村 편『세계동화집 동양권』(실업지일본사, 1918), 마쓰모토 구

미松本苦味 편『세계동화집 보물선たから舟』(大倉書店, 1920), 히구치 고요樋口紅陽 편『동화의 세계여행童話の世界めぐり』(九段書房, 1922) 등 세계동화집 및 동양동화집에 포함된 조선 설화를 포함시켰다.

더불어, 편자가 발굴한 아라이 이노스케荒井亥之助 편『조선동화 제일편 소』(永島充書店, 1924), 야시마 류도 편『동화의 샘』(경성일보대리부, 1922) 등도 선별해 수록했다. 그리고『김상덕의 반도명작 동화집』과 함께, 오늘날 입수하기 어려운 김소운의 설화집(『목화씨棉の種』『세 개의 병三つの瓶』)을 한데 묶어서 영인하였다.

3. 김소운「김소운 저작 선집」에 대하여

「근대 일본어 조선동화 · 민담집 총서」에서는 해방 후에 일본어로 간행된 김소운(1907.1.5-1981.11.2)의 민화집(1957년판『목화씨』와『세 개의 병』코리안 라이브러리 목근소년문고)을 처음으로 소개하였다.

김소운에 대해서는 시 · 민요, 수필 관련 연구가 주를 이루며, 설화에 대해서는 거의 연구되지 않았다. 김소운의 설화집은 모두 일본어로 발행되었기 때문이다.

김소운이 테쓰 진페이鐵甚平라는 이름으로 발표한『삼한 옛이야기三韓昔がたり』(1942),『석종石の鐘』(1942),『푸른 잎青い葉っぱ』(1942),『누렁소와 검정소黄ろい牛と黒い牛』(1943)에 관해서는, 노

영희「김소운의 아동문학 세계 - 鐵甚平이란 필명으로 발표된 네 권의 작품을 중심으로」(『동대논총』23집, 동덕여자대학교, 1993)가 존재할 뿐, 한국과 일본에서 관련 연구가 매우 적었다. 그러나 김소운은 민요수집과 함께, 조선 민간설화의 수집에도 계속 관심을 지녔다는 점에서 본격적인 연구가 필요하다.

김소운은 잡지『문장』(1940) 등의 광고란에「조선 전설자료」라는 제목으로 다음처럼 자료제공을 요청했다.

> (전략) □傳童民謠 · 民譚 · 설화류와 한가지로 전설은 향토문학의 긴요한 초석입니다. 지금껏 이렇다 할 集成이 없었고 이 方面에 留意하는 몇몇분의 蒐集이 있다고 하나 이도 숨은 자료라 求得하기가 쉽지 않습니다. 이러한 성과는 대다수의 協同아니고는 바랄 수 없는 바이오니 향토의 기름진 보배를 아끼시는 마음으로 한두篇식이라도 채집에 조력해 주기시를 바랍니다. (중략) 어려서부터 들어오신 傳說, 여행하신 곳곳에서 귀에 담은 전설을 추려놓아 주십시오. (중략) 문장에 치중치 않고 되도록이면 忠實 정확한 기술을 爲主하기로 합니다.(국어, 조선어 어느 편이라도 좋습니다)
>
> □ 자료를 찾으신 地名, 채집하신 분의 주소 성명을 每篇마다 附記하실 일, 책으로 될때 출처를 一々히 밝히겠습니다.(中央公論社版 · 朝鮮鄕土 叢話 全四卷 · 傳說篇 採錄) (후략)
>
> (金素雲,「광고 조선전설자료」,『문장』2 - 10, 1940.12, 89쪽. 또한, 김소운은『삼천리』1941년 3월호, 37쪽에도 유사한 광고를 게재했다.)

위와 같이 김소운은 1940년에 중앙공론사에서 「조선향토 총화」 간행을 계획하고, 본격적으로 조선의 향토전설을 채집하였다. 실제로 김소운은 같은 출판사 잡지에 「조선향토총화」(『中央公論』 55-3, 1940년 3월)를 게재하였다. 그 후에 「조선향토총화」는 간행되지 않았지만, 김소운은 해방 전에 다섯 권의 설화 관련서를 도쿄에서 간행했고, 그 일부는 증쇄되었다. 그 서지 사항은 다음과 같다.

1. 鐵甚平, 『삼한 옛이야기(三韓昔がたり)』, 學習社, 1942.4(講談社學術文庫 1985.5, 1988.1, 5刷).
2. 鐵甚平, 『동화집 석종(石の鐘)』, 東亞書院, 1942.6, 1943.3재판, 1943.10삼판.
3. 鐵甚平, 『푸른 잎(青い葉っぱ)』, 三學書房, 1942.11.
4. 金素雲, 『조선사담(朝鮮史譚)』, 天佑書房, 1943.1, 1943.8재판(講談社學術文庫 1986.7).
5. 鐵甚平, 『누렁소와 검정소(黃ろい牛と黑い牛)』, 天佑書房, 1943.5.

『조선사담』을 제외한 4권의 책은 테쓰 진페이鐵甚平라는 이름으로 간행되었다. 이번 선집에서는 기본적으로 초판을 영인하였지만, 자료의 중요성을 감안하여 2. 『동화집 석종』은 1943년 10월의 삼판을, 4. 『조선사담』은 1943년 8월 증보판을 영인하였다. 관심 있는 독자들에게 참고가 되길 바란다.

김소운은 해방 후에도 일본에서 다수의 설화집을 간행하였고, 일본에서 익히 알려져 있다. 필자의 판권지 확인에 의하면, 그 대부분이 증쇄를 거듭해 널리 읽혔다.

1. 『韓國昔話 당나귀 귀 임금님(ろばの耳の王さま)』 세계명작동화전집34, 講談社, 1953, 1956년 5쇄.
2. 『朝鮮民話選 파를 심은 사람(ネギをうえた人)』 이와나미소년문고71, 岩波書店, 1953.12(1987년 4월 29刷, 2001년 新版1刷, 2011년 新版8刷).
3. Kim So-Un, "The Story Bag : a collction of Korean folk tales by Kim So-Un, tr. by Setsu Higashi", Charles E. Tuttle, 1955(『파를 심은 사람』의 英譯).
4. 「불개(日の玉のムク)」, 『世界民話集』 일본아동문고41, 아르스, 1955.
5. 「금강산의 호랑이(金剛山のトラ)」, 日本文藝家協會 編, 『少年文學代表選集』, 光文社, 1955.
6. 「조선의 민화에 대하여(朝鮮の民話について)」, 孫晉泰『朝鮮の民話』, 岩崎書店, 1956(岩崎美術社, 1966년, 1972년4刷, 손진태 『조선민담집』 간략판).
7. 『목화씨(棉の種)』 목근소년문고1, 코리안 라이브러리, 1957.
8. 『세 개의 병(三つの瓶)』 목근소년문고2, 코리안 라이브러리, 1957.
9. 『아시아의 민화(アジアの民話)』 전6권, 테이프 라이브러리, 녹음교재사, 1959(테이프 포함).

10.「朝鮮編」, 浜田廣介 他編『세계의 민화와 전설(世界の民話と傳說)』6トルコ・蒙古・朝鮮編, さ・え・ら書房, 1961(世界民話 여행6, 1970년1刷, 1982년10刷, 12화 수록).

11.「朝鮮民話」, 奥野信太郎 外,『少年少女世界文學全集』東洋編2, 講談社, 1961.

12.「호랑이와 토끼(トラとウサギ)」, 子どもの文學硏究會 編,『よんでおきたい物語』10, ポプラ社, 1961.

목근소년문고 1, 2로 기획 간행된『목화씨』와『세 개의 병』은, 오사카의 코리안 라이브러리에서 1957년에 간행되었다. 김소운은 '초등생4학년 이상의 아동용'=목근소년문고와 함께, '고교생 이상, 일반 성인용'=목근문고를 계획했지만, 각각 두 권을 출간하고 중단되고 말았다(편집부,「연보」, 김소운 저, 上垣外憲一・崔博光 역,『天の涯に生くるとも』, 講談社, 1989, 334쪽).

한국의 선행연구에서는 김소운의 시와 민요에 대한 연구가 중심을 이루었다. 하지만 김소운은 다수의 설화집을 간행한 것이다. 이처럼 김소운은 1942년 4월부터 1943년 8월에 이르기까지 5권의 설화집을 집필하고 그 중 한 권은 증보판으로 새로 펴냈다. 계속해서 해방 후에도 다수의 설화집을 간행하였다. 해방 후의 설화집들은 해방 전의 자료를 다수 활용했다는 점에서 그 형성과정에 대한 연구가 선행되어야 할 것이다.

그러나 이들 자료를 모두 구하는 것은 결코 녹록하지 않다. 이번에 김소운을 라이프 워크로 하여 수십여 년 동안 연구하여, 최근에 학위논문을 통해 이를 집대성하신 나카이 히로코中井裕子 선생님께서 소장 자료와 함께 학위논문의 핵심을 흔쾌히 제공해 주셨다. 그 핵심을 한국어와 일본어를 함께 수록하니 각 권의 내용은 이를 참고해 주시길 바란다.

지면 관계상 서문을 중심으로 분석한 글이지만, 이번 선집을 계기로 앞으로 계속해서 민요집, 번역서, 관련서를 출판할 예정이다. 이를 통해서 텍스트, 삽화는 물론이고, 김소운의 삶과 업적에 대한 재평가가 본격화 되어, 복합적이고 중층적인 한일의 정밀한 상호 교차 읽기를 통한 생산적 연구가 지속되길 바란다.

【참고문헌】

김광식 편, 『김상덕의 동화집 김소운의 민화집』, 보고사, 2018.

김광식, 『식민지 조선과 근대 설화』, 민속원, 2015.

김광식, 『근대 일본의 조선 구비문학 연구』, 보고사, 2018.

김광식, 「근대 일본의 조선 설화연구의 현황과 과제」, 『열상고전연구』 66, 열상고전연구회, 2018.

金廣植, 『韓國・朝鮮說話學の形成と展開』, 勉誠出版, 2020.

김광식, 「김소운이 주재한 첫 과외교육잡지 『아동세계』 해제」, 『근대서지』 23, 근대서지학회, 2021.

김광식, 「명랑하고 건전한 '내일의 조선'을 기르기 위하여」, 『문자와 상상』 6, 현담문고, 2021.

김광식, 「김소운의 아동잡지 발간과 조선 설화의 수록 양상 연구」, 『연민학지』 39, 연민학지, 2023.

김소운, 『물 한 그릇의 행복』, 중앙출판공사, 1968.

김소운, 『김소운 수필선집』 1, 아성출판사, 1978.

김소운, 『맨발의 인생행로』, 중앙일보사, 1981.

金素雲, 上垣外憲一・崔博光 譯, 『天の涯に生くるとも』, 講談社, 1989.

나카이 히로코(中井裕子), 「김소운 주재 과외아동잡지에 협력한 일본인들」, 『근대서지』 24, 근대서지학회, 2021.

노영희, 「김소운의 아동문학 세계 - 鐵甚平이란 필명으로 발표된 네 권의 작품을 중심으로」, 『동대논총』 23, 동덕여자대학교, 1993.

오타케 키요미, 「김소운(金素雲)의 아동문화활동」, 『인문과학연구』 21, 성신여자대학교 인문과학연구소, 2003.

中井裕子, 「金素雲の「武器なき戰い」 - 「朝鮮人をして朝鮮人たらしめよ」」, 同志社大學 大學院 博士論文, 2023.

村上芙佐子, 「金素雲=著作・講演・放送等年譜」, 『比較文學硏究』 79, 2002.

村上芙佐子, 「金素雲關係文書資料年譜」, 『比較文學硏究』 93, 東大比較文學會, 2009.

해제

김소운의「조선향토 총서」

글 나카이 히로코中井裕子
번역 김광식

김소운의「조선향토 총서」

나카이 히로코中井裕子

1. 머리말

김소운(1907-1981)은 일본에서 한국 · 조선 민요, 동요, 설화 등 구비문학 및 근대시 번역가로, 한국에서는 수필가로 알려져 있다. 필자는 1945년까지 김소운이 수행한 번역 및 출판을 다룬 박사 학위논문[1]을 완성했다. 학위논문에서 필자는 식민지 지배체제의 강화, 전시체제기 제국일본의 언론탄압 등 갖은 곤경 속에서도 김소운의 출판 분야는 대부분이 조선의 문화였고, 그것을 후대에 남기려는 행위였다고 결론지었다.

1 中井裕子,「金素雲の「武器なき戰い」-「朝鮮人をして朝鮮人たらしめよ」」, 同志社大學大學院 博士論文, 2023.

김소운이 생전에 이루지 못했던 '조선향토 총서'를 이번에 김광식 씨와 공편으로 실현하게 되어, 다섯 권의 해제를 쓸 수 있는 기회를 얻었다. 현재까지 수행한 필자의 도달점을 보고 드리고자 한다.

2. 출판 경과

1) 사화(史話) 번역 시도와 그 계기

김소운의 자서전『하늘 끝에 살아도天の涯に生くるとも』에 따르면, 소운이 조선의 신화 전설, 옛이야기 관련 역사의 흔적을 정리하여 네다섯 권의 책으로 엮으려고 마음먹은 것은 중일전쟁이 일어난 1937년 가을 무렵이었다고 한다. 그리고 일본의 "중앙공론사 시마나카 사장[2]이 조선향토 총서 3권[3]의 계약을 수락해 주었다. (중략) 충분하지는 않지만, 일단 이 정도라면 새로운 출발을 위한 준비[4]가 가능했다.『삼국사기』『삼국유사』를 비롯하여『조

2 시마나카 유사쿠(嶋中雄作, 1887-1949)는 전시체제 하에서 반군국주의, 자유주의적인 자세를 견지했기 때문에 언론 탄압의 대상자가 되었다. 잡지『부인공론(婦人公論)』은 1942년경부터 시작된 치안유지법 언론탄압 사건으로 알려진 요코하마 사건으로, 1944년 7월 중앙공론사는 치안유지법에 따라 해산명령을 받아 폐간되었다.

3 잡지『문장』1940년 12월호에서는「조선전설자료」를 모집하고, 이를 中央公論社「朝鮮鄕土 叢書」제4권에 게재하겠다고 당시 계획했음을 확인할 수 있다.

4 한국어판『역려기』의 일본어 번역판 자전『하늘 끝에 살아도(天の涯に生くるとも)』

선인명사전』의 삽화까지 조사하면서 책을 쓸 준비에 여념이 없었다."고 적었다.[5]

그 준비를 위해 소운은 역사서에도 눈을 돌리게 된 것이다. 잡지『문장』(1940.2)에 실린 수필「실면한화失眠閑話」에서는『삼국사기』『삼국유사』와 같은 상식적인 책들을 이제야 읽게 되었다고 자조적으로 언급하였다. 그 무렵 일본의 잡지에도 몇 편의 번역을 발표하기 시작했다. 첫 번역은 잡지『중앙공론』(1940.3)에「조선향토 총화」라는 제목 하에 실린 '조신의 꿈', '연꽃 이야기', '후직의 무덤' 3편이다. 이듬해『신여원新女苑』(實業之日本社, 1941.9)에는「고조선의 로맨스」라는 제목으로 '도미都彌 부부', '지귀志鬼', '낙랑의 고각', '바보 온달'이 실렸다. 이들 작품은『삼국사기』『삼국유사』『고려사』를 원작으로 한 사담史譚이다.

실제로 잡지『문장』(1940.12)에 '조선전설자료'를 모집한다는 일면 광고를 싣고 나서 이듬해 3월『삼천리』에도 '조선전설자료'(원고 급히 모집, 주소 도쿄 中野區 蘇比亞書院[6])를 게재해 경성과 도쿄에서 한글로 공모를 했다. 이러한 공모 방식은『언문 조선구전민요집』(1933)이나 아동잡지 주재 시절부터 활용된 수집 방식이었다. 수집된 자료가 실제로 어떻게 반영되었는지는 확인하기 어

(講談社, 1989)에 따르면, 시즈코(靜子)와의 오랜 별거, 새로운 여성과의 결혼을 위한 비용 준비(마련).

5 김소운,「ひとひらの雲　黑い雲」,『天の涯に生くるとも』, 위의 책, 189쪽.

6 일본 상지(上智)대학을 나온 동향의 양 씨가 경영하던 나카노의 고서점(김소운,『恩讐三十年』, ダヴィッド社, 1954, 233쪽).

렵지만, 광고를 통해서 총 네 권의 설화집을 계획했음을 확인할 수 있다. 이 무렵의 사정을 김소운은 다음과 같이 회고하였다.

> 용지 사정이 극도로 궁핍하고, 일일이 출판협회의 사정査定과 승인을 받아야만 되는 시기였으니 어려움이 하나 둘이 아니었다. 특히 내 향토의 전승과 역사, 현대 서정시 등은 긴급하지 않은 한가한 일로 치부되던 당시에는 당연한 상식이었다. 그러나 그런 시대였기에 더욱 더 조국을 바르게 알리고 싶었다. 일본인에게 그리고 내 동포들에게도. 일본 땅에서 자란 동포 2세 사제들은 충무공이 누군지, 성삼문이 무슨 일을 했는지 알 길이 없었다.(『하늘 끝에 살아도』 282쪽)

여기에서 '향토의 전승과 역사'란 조선인의 민족성이 가장 잘 드러나는 것으로, 소운은 그것을 일본인과 동포, 재일조선인에게도 알리려 한 것이다.

2) 출판 규제의 강화

그러나 이후 이시카와 다쓰조石川達三의 「살아있는 병사生きてゐる兵隊」가 실린 잡지 『중앙공론中央公論』 1938년 3월호가 신문지법 41조 위반 혐의로 당일 발행금지 처분을 받았고, 이시카와도 징역 4개월, 집행유예 3년의 유죄 판결을 받게 되었다. 이것은 패전 이전의 일본문학사에 새겨진 대표적 언론탄압 사건이 되었

다. 중앙공론사도 그 대상에 포함되어, 당국으로부터 해산명령을 받음으로써, 조선향토 총서 계획은 무산되고 말았다. 그러나 이후에도 하나의 출판사가 아니더라도 기록으로 남기는 것을 최우선이라고 생각한 소운은 다섯 권의 설화집을 간행하였다.

이처럼 전시체제기에 이르러 출판계에 대한 통제와 탄압이 강화되었는데, 아동용 도서도 예외는 아니었다. 1938년 10월 내무성은 '아동 독물讀物 개선에 관한 지시 요강'이라는 세부 지침을 출판계에 전달했다. 내무성은 이 요강에서 활자 크기, 행간 등 인쇄 규정에서부터 현상모집, 광고, 부록, 삽화, 내용, 대상 연령 등을 구체적으로 지시했다. 아사오카 야스오淺岡靖央의『아동문화란 무엇이었나』(つなん出版, 2004)에 따르면, '편집상의 주의 사항 (3)기타' 항목에 "일, 유아잡지 및 그림책에 '어머니 쪽'을 설치하고, '읽게 하는 방법', '읽은 후의 지도법' 등을 해설할 것"(95쪽)이라고 되어 있다. 실제로『석종』에는「각서 - 지도자 분께」,『푸른 잎』에「후기 - 보호자분도 읽어주세요」가 제시된 것도 이 요강에 기인한다. 김소운은 출판 절차상 금서나 복자伏字 대상이 되지 않도록 세심한 주의를 기울여 '아동독서 개선에 관한 지시요강'을 따른 것이다.

3. 출판의 실제

표지와 〈표1〉에 서지 정보를 정리하였다. 먼저 내용을 개괄하

자면, 『삼한 옛이야기三韓昔がたり』는 고구려, 백제, 신라 삼국의 사화집史話集이다. 한편, 『조선사담』에서는 고려시대(8편)와 조선시대(9편)를 다루었다. 『조선사담』 초판은 1월에 조선조 5대까지만 다루었기 때문에,[7] 같은 해 8월 증보판에서 후반부를 보충하였다. 『누렁소와 검정소黃ろい牛と黑い牛』는 고려시대와 조선시대 야사(야담)집이다.

한편 『석종』과 『푸른 잎』은 소운이 '동화집'이라고 칭한 것처럼 전래동화집이다. 다만 『석종』 중, 「해를 맞이하는 내해」, 「석종」, 「당나귀 귀 임금님」 3편은 『삼국유사』에 있는 이야기로, 본래 『삼한 옛이야기』에 들어가야 마땅하겠지만, 이야기의 전기성傳奇性이 강해서 옛이야기집에 수록한 것으로 보인다. 『석종』은 적어도 3판까지 12,500부를 발행했다. 이는 학교 추천도서 등으로 집단 구매됐을 가능성도 있다.

7 『조선사담』 초판의 마지막 이야기 「紫衣娘子」의 시대적 배경은 1450년대로 문종(제5대), 단종(제6대)의 치세에 해당된다.

〈표 1〉 다섯 권의 표지 및 서지 정보

『삼한 옛이야기』

『동화집 석종』

『푸른 잎』

『조선사담』

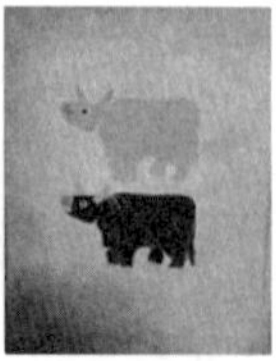

『누렁소와 검정소』

서명	『三韓昔がたり』	『童話集石の鐘』 『石の鐘』	『青い葉つぱ』	『朝鮮史譚』	『黃ろい牛と黑い牛』
저자명	鐵甚平	鐵甚平	鉄甚平	金素雲	鐵甚平
출판 연월일	①1942.4.25	②1942.6.20 ⑤1943.3.20재판 ⑧1943.10.20삼판	③1942.11.20	④1943.1.1 ⑦1943.8.5재판	⑥1943.5.25
출판사	學習社	東亞書院	三學書房	天佑書房	天佑書房
장정 삽화	岡村不二男	大石哲路	高野てつじ	삽화 없음	高野喆史 (てつじ)
가격	65전	1엔 30전	1엔 50전	2엔	1엔 60전
인쇄 부수	불명	각 5천 부 재판 2,500부	천5백 부	5천 부 재판 3천 부	5천 부
비고	學習社文庫 시리즈			상자 「闘犬圖」 표지 뒷표지에 마패	제목 없음 여백에 동요 17편

(단지 이 서지정보는 필자가 입수한 책에 한정.)

저자명은 앞서 언급한 바와 같이, 철진평鐵甚平(테쓰 진페이)이라는 필명으로 네 권, 『조선사담』만 김소운金素雲으로 간행되었다. 출판 연도는 1942, 43년에 집중되어 있다. 발행부수는 『삼한 옛이야기』는 학습사문고 시리즈 중 한 권으로 발매되어 확인할 수 없지만, 동아서원 『석종』은 3판까지 총 12,500부가 발행되었고, 천우서방[8] 『조선사담』은 초판과 증보판을 합쳐서 8천 부, 삼학서방 『푸른 잎』은 1,500부, 『누렁소와 검정소』는 5천 부로 필자가 소장한 책만 보더라도 대략 3만 부 이상이 유통되었다.

또한 이 출판을 시간 순으로 다시 정리하면 ①『삼한 옛이야기』 → ②『석종』 → ③『푸른 잎』 → ④『조선사담』 초판 → ⑤『석종』 재판 → ⑥『누렁소와 검정소』 → ⑦『조선사담』 증보판 → ⑧『석종』 삼판이다. 『석종』의 재판 및 삼판 내용이 초판과 동일한지는 확인하지 못했지만, 『조선사담』은 초판과 증보판이 다르다. 이에 대해서는 후술하겠다.

삽화 작가는 『삼한 옛이야기』가 오카무라 후지오岡村不二夫[9], 『석종』은 오이시 테츠로大石哲路[10], 『푸른 잎』과 『누렁소와 검정

---

8 천우서방에서는 鐵甚平이라는 필명으로 마쓰시로한 가로(松代藩 家老) 온다 다미요리(恩田民頼)의 史傳 『恩田木工』도 출판되었다.

9 오카무라 후지오(岡村不二夫)는 1904년 사이타마현 출생. 서양화가 후지시마 다케지(藤島武二, 1867-1943)에게 배우고, 가와바타 그림학교에서 수학. 아동서의 장정과 삽화, 문예서의 장정 등을 다수 작업. 패전 후에는 夫二로 개명하고 新潮社 촉탁으로 전문 장정가의 선구자가 되었다. 수필 『북의 강 · 남의 바다(北の河 · 南の海)』 등.

10 오이시 테츠로(大石哲路, 1908-1990) 일본화가, 동화가, 五元미술연맹 회장. 본적은 후쿠오카현 기타큐슈시. 본명은 테츠로(大石鐵郎), 가와바타 그림학교 졸업, 1941년 제1회 항공미술 遞信大臣賞 수상. 패전 후에는 화가로 활동하며 한일교류 고원미술

소』는 다카노 테츠지高野喆史[11]이다. 『누렁소와 검정소』는 책등에 만 제목이 있고 표지에는 없다. 1943년 열악한 종이 질, 인쇄용 잉크 부족 등 당시의 출판 상황을 단적으로 보여준다. 『조선사담』은 삽화가 없는 대신, 책상자에 김홍도 작품으로 추정된 '투견도'[12]가 사용되었다. 음영법을 도입한 선구적인 면과 뒷면의 쇠사슬에 묶인 투견을 식민지 조선인의 상징으로 이중적으로 감상할 수 있는 장정이다.

이 다섯 권의 출판을 통해 소운이 1930년대 조선의 야담 붐을 일본에서도 일으키려고 기도했다고 생각된다.

4. 『누렁소와 검정소』의 분석

1) 「서문」의 일부

고갯마루의 나뭇잎을 적신 한 줄기 물은 산허리를 지나 계곡으로 모이고, 늪지대를 지나고 들판을 가로질러, 마침내 끝없이 펼쳐

연맹을 결성.

11 다카노 테츠지(高野喆史, 1901-?) webcatplus에서 패전 후 간행서로 45권을 검색할 수 있다. 전쟁 중에는 5권으로 동화집 『흰 강가의 아이들』, 『소국민을 위한 꿀벌』 등의 삽화를 담당. 패전 후에는 글과 삽화를 함께 담당하는 아동문학가로 활동. 소운과의 인연은 『흰 강변~』이 삼학서방에서 출판되었고, 출판사와 관련되었을 가능성도 있다.

12 한때는 김홍도의 그림이라는 주장도 있었지만, 현재는 부인되고 있다.

진 바다로 흘러 들어갑니다. 대동아를 하나의 바다라고 한다면, 일본은 그 바다의 근원이 되는 한줄기 강이라고 할 수 있습니다. 그리고 이 강에는 조선, 대만, 류큐, 아이누 등 여러 지류가 흐르고 있습니다.

그 중에서도 문화의 흐름이 가장 오래된 곳이 조선이고, 그만큼 강에 얽힌 여행 이야기도 많습니다. 그 수많은 이야기 중에서 특히 우리들에게 재미있는 이야기, 깊이 생각하게 만드는 이야기를 스물다섯 개만 골랐습니다. 그것이 바로 이 『누렁소와 검정소』입니다. (중략) 고려에서 조선조에 이르는 거의 천년 동안은 조선의 문화가 가장 융성했던 시대입니다. 외세에 시달리거나 내란이 계속되는 등 힘든 일도 많았지만, 학문과 예술도 눈부시게 발전했습니다. 이름을 떨친 위대한 정치가들도 많이 나왔습니다. (중략) 이 모든 것은 짧은 이야기들로, 천년의 발자취에서 보면 한 줌의 낙곡(落穀)에 지나지 않습니다. 낙곡이라고 하면, 저는 어린 시절 시골에서 자랐기 때문에, 농부들이 떨어진 이삭 하나라도 얼마나 소중히 여기는지 이 눈으로 직접 지켜보았고 익히 알고 있습니다. 수확이 끝난 후 떨어진 이삭을 줍는 일은 아이들의 몫이었습니다. 저도 어린 시절로 돌아가 어린아이와 같은 마음으로 이 작은 책을 만들었습니다.

소화18년[13] 삼짇날에

저자

13 1943년

소운은 『삼한 옛이야기』와 『조선사담』보다 더 알기 쉽게 강이나 떨어진 이삭과 같은 비유를 사용했다. 그 중에서도 지금의 '대동아'를 바다에 비유해 조선, 대만, 류큐, 아이누 등의 지류가 흘러서 만들어진 한줄기 강이 일본이라는 비유는 알기 쉽고, 문화의 흐름에서 가장 오래된 것이 조선이라고 은근히 말하는 소운의 대담함을 엿볼 수 있다.

『조선사담』 초판과 증보판, 『누렁소와 검정소』의 서문에서는 공통적으로 고려, 이조 시대를 '조선의 문화가 가장 융성했던 시대'이고 '학문과 예술도 눈부시게 발달'하고, 이름을 떨친 '위대한 정치가들도 많이 배출'된 시대로 높이 평가하였다. 구체적으로 세계 최고最古, 최선의 경판인 6천 5백 권, 17만 면의 고려대장경과 오늘날의 과학으로도 도저히 헤아릴 수 없는 도자기의 신비함, 서양보다 3세기나 앞선 주조 활자, 본고장 중국을 놀라게 한 조선조의 학문과 예술을 들었다. 이는 종주국 일본의 역사학자들이 고려, 조선시대를 중국 왕조의 책봉 체제 아래 놓여 타율성, 정체성으로 규정하고 폄훼하는 담론에 대한 소운 나름의 항의라고 할 수 있다. 검열제도를 의식한 가운데 최대한의 저항의 발로가 아니었을까?

2) 내용의 특징

노자키 미츠히코野崎充彦는 야담野談을 일본에서 다음과 같이 해설하였다.[14]

야담이란 조선 후기에 만들어진 한문 설화집으로, 유몽인柳夢寅(1559~1623년)의 『어우야담於于野談』이 그 시초로 알려져 있다. 등장인물은 위로는 왕후, 귀족에서부터 아래로는 노비, 도적에 이르기까지 모든 계층을 망라하였다. 그야말로 조선 사회의 만화경이라 할 수 있는 인물담집이다. 인물담 또는 세간世間(세상) 이야기라고 하면 일본 사람이라면 누구나 『금석물어집今昔物語集』을 떠올리듯이, 대체로 어느 나라 작품이든 그 인간미 넘치는 드라마가 독자를 즐겁게 해주지만, 야담의 가치는 거기에만 머물지 않는다. 왜냐하면 야담은 조선 문학사에서도 매우 중요한 위치를 차지하고 있기 때문이다.

그러나 소운이 실제로 무엇을 참고했는지에 대해서는 아직 확인하지 못했다. 대상 독자가 아동이라는 점에서 어른을 대상으로 한 야담은 아니지만, 분석해보면 다음과 같은 특징을 발견할 수 있다.

1. 현명한 신화, 예술가의 소년시절(「19. 뱀과 개구리」 이항복, 한석봉)이나 이름 없는 아이의 재치담(「9. 소도둑」)
2. 맹인 노인과 당대 차별을 받던 유기장柳器匠 등으로도 시야가 넓어지고 있다.

14 野崎充彦 編譯, 『靑邱野談 李朝世俗譚』, 平凡社, 2000, 291쪽.

3. 고려시대는 5편이고, 조선시대가 주를 이룬다.

4. 여성(딸, 어머니)이 활약하는 이야기가 눈에 띈다.

다섯 권 중 『삼한 옛이야기』 『조선사담』 『누렁소와 검정소』에서는 신화에서부터 삼국, 고려, 조선의 역사 및 야사를 각각 수록했다. 특히, 『삼한 옛이야기』에서는 단군을 조상으로 하는 조선민족이 왜국에 다양한 문화를 전해준 선진성이 있었음을 명시했고, 『조선사담』에서는 초판에서 다 담지 못한 조선 멸망까지의 기록을 반년 후에 증보판을 통해 추가하는 등 집념을 발휘해 전시체제기라는 어려운 시기에 통사를 완성시켰다.

김소운은 젊은 조선인들에게는 조선의 독자적인 역사 발전과 우수한 인물을 알려 자부심을 회복시키기 위해서, 조선어를 못하는 다음 세대를 위해 일본어로 남기려고 했다. 그리고 일본인들에게는 조선에 독자적인 역사가 있다는 점, 일본과 다양한 교류가 있었다는 점을 역사적 교훈으로 전하려 했다고 필자는 생각한다.

이러한 내용에는 단군의 고조선 건국, 신라 왕자 천일창(아메노히보코)[15]의 일본 식민 등 독자적인 민족 발전을 주장한 최남

15 아메노히보코(天之日矛)는 신라 국주(國主)의 아들로, 일본에 신기(神器)를 전한 도래계 신(神). 이즈시(出石), 다지마(但馬) 등 일본 山陰 지역을 비롯해 서일본(西日本)에서 신앙되고 있다. 최남선은 이 지역을 아메노히보코가 식민지를 개척했다고 보았고, 소운은 이를 연표에 기록했다.

선이나 고려, 조선이 뛰어난 정치가와 예술가, 청자 및 활자 등 독자적인 선진 문화를 창출했다는 문일평 등 민족사학파의 역사관을 엿볼 수 있다. 당시 암흑기로 비판을 받았던 조선시대에도 기지와 유연한 발상으로 위기를 극복한 인물, 일본보다 먼저 원근법을 도입한 김홍도, 조선지도를 완성한 김정호 등이 존재했음을 소개했다.

한편, 일선동조론에 근거해 조선 역사의 정체성, 의존성을 주장하며 영토를 반도 안으로 축소시킨 제국주의 역사가들의 주장에 대해서도 임나일본부와 신공황후 신라 정벌 등을 덧붙였다. 당시에는 일본 신화가 역사화되어 있었기 때문에 어쩔 수 없는 서술이었지만, 출판을 위한 타협이었다고 생각한다.

5. 맺음말

이처럼 김소운이 검열과 용지 배급이 제한된 가운데 1943년 10월까지 출판할 수 있었던 것은 당시 식민지의 '로컬 컬러(향토색)' 강조 정책이라는 배경도 있었다. 제국의 동아시아 민속학 속에서 '조선다움'이 강조되기 시작한다. 또한 4권의 민요 관련 저술도 펴냈고, 일본에서는 명역으로 평가받고 있다. 게다가 보통학교 과외잡지 편집 경험이 있는 김소운은 일본인들의 신뢰를 얻은 것으로 보인다. 소운의 '조선향토 총서' 기획을 중앙공론사가 계약한 것도, 『석종』이 3판까지 출판된 것도 이런 배경이 있었다.

김소운 1945년 2월에 귀국해 해방을 맞이했다. 해방 후 김소운은 1952년 9월 유네스코 초청으로 국제예술가회의 참가 멤버로 선정돼 도쿄를 거쳐 베니스로 향했다. 도쿄의 인터뷰 기사 '최근의 한국 사정'(아사히신문 9월 21일자)이 설화舌禍사건이 되어 귀국길인 도쿄에서 주일 한국대표부에 여권을 압수당한다. 이후 소운은 13년간 일본에 머물러야만 했다.

이듬해 1953년 한국 동화 『당나귀 귀 임금님ろばの耳の王さま』(講談社), 『파를 심은 사람ネギを植えた人』(이와나미 소년문고)을 냈는데, 여기에는『석종』『푸른 잎』과 중복되는 이야기(호박 씨, 사슴과 나무꾼, 용궁의 푸른 구슬 등)가 여러 편 포함되었다.

또한 1957년에는 문화교류와 학습 중심지로서 코리안 라이브러리 설립을 구상하고 그 기금 마련을 위해 목근문고라는 이름으로 『단종육신端宗六臣』『민족의 그늘과 햇빛民族の日陰と日向』을, 목련소년문고로 『세 개의 항아리三つの甁』『목화씨綿の種』라는 소책자(일본어)를 총4권 간행한다. 전자는 야담과 에세이로 중고등학생에서부터 성인까지, 후자는 야담과 전래동화로 초등학생 정도가 독자층이다. 당초에는 세시풍속과 속담까지를 포함한 언어문화 보급을 의도해 12권을 계획했지만 위의 4권만 간행되었다.

센터 개설을 위한 자금 마련은, 1959년 5월 테이프 라이브러리로 이어진다. 녹음교재사를 설립하고 『아시아의 민화アジアの民話』 6권[16]을 제작해 학교 교재로 만들려는 기도는 무라카미 후사코가 연보[17]에도 기록된 것처럼 자금 운용의 미숙과 인간관계의 불협화음으로 인해 완전히 좌초되었다. 소운은 사업상의 실패

이상으로 동포들의 협조를 얻지 못한 것에 좌절감을 느꼈다. 일본에서 한국 가족과의 연락도 뜻대로 되지 않아 이후 귀국할 때까지 굴욕과 허무감에 휩싸인 나날을 보냈다. 이러한 실패의 배경에는 재일조선인 내부의 냉전체제도 영향을 미쳤을 것이라고 필자는 생각한다.

이러한 활동의 목적도 조선인과 일본인의 상호이해를 깊게 하는 데 있었다. 소운은 사담과 설화에 주력했다는 점에서 구비문학에 대한 애정을 엿볼 수 있다.

김소운의 작품을 자극제로 삼아서 마쓰타니 미요코, 세가와 타쿠오가 다시쓴『조선의 민화朝鮮の民話』(태평출판사, 1972 및 1973)가 간행되면서 아동문학가나 출판사가 이웃나라의 구전문학에 관심을 보였다. 손진태의『조선민담집』과 정인섭의『온돌야화』도 패전 후에 다시 출간되었다. 최근에는 최인학 · 이시이 마사미 편『국경을 넘어서는 민속학 - 일한 대화를 통한 아카데미즘의 재구성國境を超える民俗學』(三弥井書店, 2016)으로 한일 공동 학술회의 개최 성과가 출판되었다. 번역서로는『한국구비문학 대계1』(金壽堂出版, 2016)이 한국의『한국구비문학 대계』의 일부를

16 宇野重吉, 北林谷榮, 小池朝雄, 城所英夫, 佐野朝夫, 荒木道子 등 연극인들이 협력해 일본, 조선, 인도, 인도네시아 등의 설화 교제를 책자와 테이프로 제작했고, 조선편은「푸른 잎」등이 수록되었다.

17 村上芙佐子,「金素雲關係文書資料年譜」,『比較文學研究』93, 東大比較文學會, 2009, 73-85쪽; 村上芙佐子,「金素雲=著作 · 講演 · 放送等年譜」,『比較文學研究』79, 2002, 90-100쪽.

번역했고, 학문적으로 과거가 극복되고 있다.

김소운은 아쿠타가와 류노스케 『侏儒의 말侏儒の言葉』(1927)의 "인간은 누구나 하고 싶은 일을 하는 것이 아니다. 할 수 있는 일을 하고 있을 뿐이다."라는 구절을 빌어 "그 할 수 있는 일에 최대한의 힘을 발휘하고 싶다"[18]고 거듭 마음속으로 되뇌이며 '조선향토 총서'를 간행해낸 것이다. 이번 민속원의 총서를 계기로 하여, 이러한 식민지 시기 조선 구비문학 성과의 의미를 지금의 한일에서 다시 한 번 깊이 생각해 볼 필요가 있다고 생각하며 글을 마무리한다.

18 金素雲 主宰 普通學校 課外雜誌『木馬』(1936년 5월) 광고문.

金素雲の「朝鮮郷土叢書」

中井裕子

1. はじめに

金素雲（1907-1981）は、日本では朝鮮民謡・童謡、民話などの口碑文学や近代詩の翻訳家として知られ、韓国では随筆家として知られている。筆者は、1945年までの金素雲の翻訳・出版活動を博士論文の対象にして検討した。そのなかで、植民地支配体制の強化、戦時体制期の帝国日本の言論弾圧などの困難の中、金素雲が出版を実現しようとしたものはほとんど朝鮮文化であり、それを次世代に残そうとした行為だったと筆者は結論づけた。

今回は、当時実現できなかった「朝鮮郷土叢書」が、金廣植氏の御尽力で再現でき、五冊の解題をさせていただく機会をいただいた。現在までの到達点を報告させていただく。

2. 出版に至る経過

1) 史話の翻訳の試みとその動機

自伝『天の涯に生くるとも』によると、素雲が「朝鮮の神話伝説、昔噺、それに、歴史の落穂《隠》を一とほり整理して、四、五冊の書物をまとめようと思ひ立つたのは、ちやうど支那事変のはじまつた昭和十二年の秋ごろであった」という。また、「中央公論社の嶋中社長[19]が、朝鮮郷土叢書三巻[20]の契約を受け入れてくれた。（略）充分でないけれど、とりあえずこの程度でも新たな出発[21]の路用の準備ができたということだ。/『三国史記』『三国遺事』を初

---

19 嶋中雄作（1887-1949）。戦時体制下では反軍国主義、自由主義的な姿勢を貫いたため、厳しい言論弾圧の対象となった。雑誌『婦人公論』は1942年ごろからの治安維持法言論弾圧事件として知られる横浜事件によって、1944年7月、中央公論社が治安維持法による解散命令を受け廃刊となった。

20 雑誌「文章」1940年12月号では、「朝鮮伝説資料」を募集し、それを中央公論社「朝鮮郷土叢書」の第四巻に掲載するとしているので、その頃までは計画通りだった。

21 『天涯』によると、静子との別居期間が長引き、新たな女性との結婚を企図した時の費用である。

めとして、『朝鮮人名事典』の挿話まで調べながら、本を書く準備にせわしなかった。」[22]とある。(以下、文中の下線は筆者による)

その準備のために素雲は歴史書にも目を通すようになった。雑誌『文章』(1940.2) 掲載の随筆「失眠閑話」では、「『三国史記』『三国遺事』などの常識的書物をようやく読むようになった」(論者試訳)と自嘲的な調子で語っている。その頃、日本の雑誌にもいくつかの翻訳を発表しはじめた。最初の翻訳は雑誌『中央公論』(1940.3) に「朝鮮郷土挿話」と題して掲載された「調信の夢」「蓮花話」「后稷の墓」の三作である。翌年の『新女苑』(実業之日本社1941.9) には「古朝鮮のロマンス」と題して「都彌夫婦」「志鬼」「楽浪の鼓角」「愚温達」が掲載された。これらは『三国史記』『三国遺事』『高麗史』を原作とする史譚の翻訳である。因みに、『中央公論』掲載の「蓮華話」を、小説家の志賀直哉が記憶に残し、能に改作しようとして作品を探し、再掲載したという逸話がある[23]。

実際に雑誌『文章』(1940.12) には「朝鮮伝説資料」募集の一頁広告を出し、京城宛送付を企図し、また翌41年3

22 随筆「ひとひらの雲 黒い雲」(『天の涯に生くるとも』講談社学術文庫, 1989) 189頁。以後『天涯』と略記。

23 朝日新聞日曜版、1965年6月20日

月雑誌『三千里』に「朝鮮伝説資料（原稿の至急募集・中野区蘇比亜[24]書院気付）」と京城・東京でハングルによる公募を懸けている。このような公募方式は『諺文朝鮮口伝民謡集』や児童雑誌主宰時代からの蒐集方式である。それが掲載作品に反映したかは不明であるが、この一頁広告の内容を見ると、途中までは募集作品を「第四巻」として出版するつもりだったことがわかる。このころの事情を金素雲は以下のように回想している。

用紙事情が極度に逼迫していて、いちいち出版協会の査定と承認を承けねばならぬ時期だったので、困難な条件は一つや二つではなかった。ことに、私の郷土の伝承と歴史、現代抒情詩のごときは、不急不要の閑つぶしとみなされるのが、その時代としては当然の常識であった。しかし、そうした時代であればこそ、祖国をより一層正しく世に知らせたかった。日本人にも、また私の同胞にも。日本の土地で育った同胞の二世師弟らは、忠武公が誰であり、成三問がなにをした人か、知るべくもなかった。」（『天涯』282頁）

「郷土の伝承と歴史」は朝鮮人の民族性がもっともよく

24　「上智を出た同郷の梁さん」が経営していた中野の古本屋（随筆「ブリタニカ」『恩讐三十年』1954, ダヴィッド社, 233頁）

表れているものであり、素雲はそれを日本人にも同胞にも、在日朝鮮人にも伝えようとしたのである。

2) 出版規制の強化

しかし、その後、石川達三「生きてゐる兵隊」掲載の雑誌「中央公論」1938年3月号が新聞紙法41条違反容疑で即日発禁処分となり、石川は起訴され、禁錮4か月、執行猶予3年の有罪判決を受ける。これは戦前の日本文学史に残る言論弾圧事件となった。中央公論社自体もこの対象となって、のちには当局から解散命令を受けるような時局になったため叢書の計画は挫折した。それでも、統一感無しの出版となっても、書き残すことを第一義と考えた素雲の意志によって、五冊の民譚集が世に出た。

このように、戦時体制期に至って出版界への統制・弾圧体制が強化されていったが、児童読物も例外ではなかった。1938年10月に、内務省は「児童読物改善ニ関スル指示要綱」という細部にわたる指示を出版界に提示した。内務省は、この要綱で、活字の大きさ、行間など印刷規定から懸賞・広告・付録（オマケ）・挿絵・内容・対象年齢などこまかく規定した。浅岡靖央『児童文化とは何であったか』（つなん出版、2004）によると、「編集上の注意事項(3)　その他」の中には「一、幼児雑誌及ビ絵本ニ『母の頁』ヲ設ケ、『読ませ方』『読んだ後の指導法』等ヲ解説スルコト」(P95)とある。『石の鍾』に「おぼえがき一指導者方へ一」、『青い葉つぱ』には「あとがき一保護者方もお読みください」があるのもこの要綱のためである。金素雲は出版手続き上、発禁や伏字対象にならないよう、細心の注意を払い「児童読物改善ニ関スル指示要綱」に従ったと思われる。

3. 出版の実際

以下の（表１）に表紙と書誌情報を掲載した。まず内容を概説すると、『三韓昔がたり』は百済・新羅・高句麗の鼎立時代の史話である。『朝鮮史譚』では高麗（８話）、朝鮮時代（９話）を駆け足で辿っている。なお、『朝鮮史譚』は1月の初版では李朝五代しか書けなかった[25]ので、８月の増補版で補充するほど出版を急いだ。『黄ろい牛と黒い牛』は、高麗・朝鮮時代の野史（野談）である。（以後5冊を『三韓』『石鐘』『青葉』『史譚（初）』『史譚（増）』『黄黒』と略記）

25 『史譚』初版の最終話「紫衣娘子」の時代は1451~1453年代で文宗（五代）端宗（六代）の治世にあたる。

（表１）五冊の表紙と書誌情報

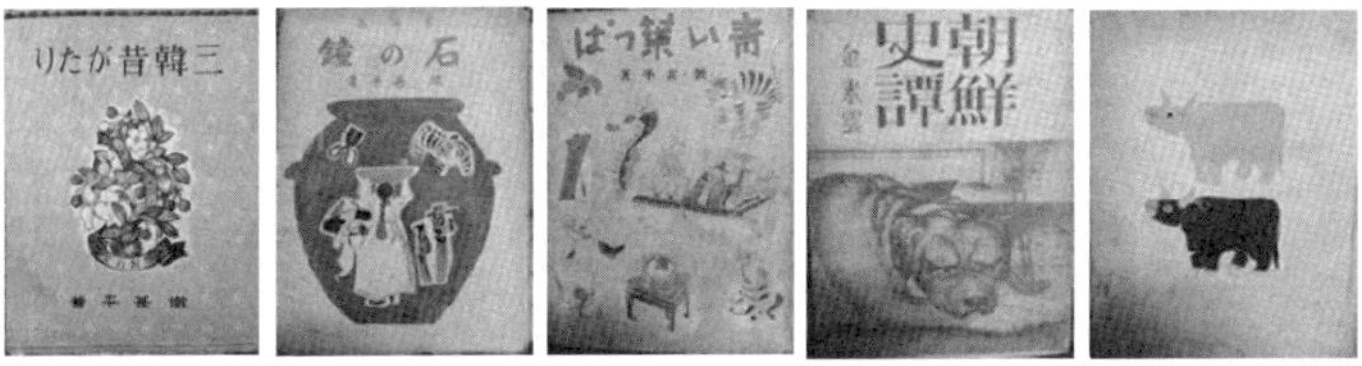

題名	『三韓昔がたり』	童話集『石の鐘』	童話集 『青い葉つぱ』	『朝鮮史譚』	『黄ろい牛と 黒い牛』
作者名	鐡甚平	鐡甚平	鉄甚平	金素雲	鐵甚平
出版 年月日	①1942.4.25	②1942.6.20 ⑤1943.3.20. 再版 ⑧1943.10.20. 三版発行	③1942.11.20	④1943.1.1 ⑦1943.8.5. 再版	⑥1943.5.25
出版社	学習社	東亜書院	三學書房	天佑書房	天佑書房
装幀 挿絵	岡村不二男	大石哲路	高野てつじ	挿絵無し	高野喆史 （てつじ）
価格 印刷数	六十五銭 不明	一圓三十銭 5000部 再版2500部	一圓五十銭 1500部	二圓 5000部 再版3000部	一圓六十銭 5000部
備考	学習社文庫 シリーズ			箱に「闘犬図」 表裏表紙に 馬牌	表紙題字無し 余ページに童謡 17編

（但し、この書誌情報は論者が入手している本に限る）

一方、『石鐘』『青葉』は、素雲が「童話集」と冠しているように、昔話集である。但し、『石鐘』中、「日を迎へるいりうみ」「石の鐘」「ろばの耳の王さま」の三作は『遺事』に記事のある史話で、本来なら『三韓』に入るべき物語だが、素雲は話の伝奇性の強さから昔話に加えたようだ。『石の鍾』は三版まで刊行され、定価が10銭下がり、12,500部の大部の発行となるなど発売効果が高い。これは学校の推薦図書になるなど集団購入の可能性もある。

作者名は前述したように鐵甚平名で四冊、『史譚』だけが金素雲である。出版年は1942、43年に集中している。発行部数は、学習社『三韓』の場合学習社文庫シリーズ中の一冊なので不明だが、東亜書院『石鍾』は三版まで計12500部が発行され、天佑書房[26]『史譚（初）』『史譚（増）』は8000部、三學書房『青葉』1500部、『黄黒』5000部とあるので、筆者の所有本だけみてもおよそ3万部以上が市中に流通したことになる。

26　この出版社は金素雲が鉄甚平の名で執筆した松代藩家老恩田民頼の史伝『恩田木工』も出版した。

また、この出版を時系列に並べ直すと、①『三韓』→②『石鍾』→③『青葉』→④『史譚（初）』→⑤『石鍾』再→⑥『黄黒』→⑦『史譚（増）』再版→⑧『石鍾』三版となる。この『石鍾』の二・三版の内容が初版と違うかは不明だが、『史譚（増）』は増補版で内容が違う。それについては後述する。

挿絵画家は、『昔がたり』が岡村不二夫[27]、『石鐘』は大石哲路[28]、『青葉』と『黄黒』が高野てつじ（喆史）[29]である。『黄黒』は背表紙だけにしか題名が無い。1943年の紙質の悪さ、印刷インクの不足など、当時の出版状況を物語っている。『史譚』は、挿絵がない代わりに、化粧箱に金弘道作とされた「闘犬図」[30]が用いられている。陰影法を取り入れた先駆の側面と、背後の「鎖に繋がれた闘犬」を植民地朝鮮人の象徴と二重に鑑賞することの出来る

27 1904年埼玉県生れ。藤島武二に師事、川端画学校に学ぶ。児童書の装幀や挿絵、文芸書の装幀などを数多くてがけた。戦後は「夫二」と改名し、新潮社嘱託として装幀家の先駆けとなった。随筆『北の河・南の海』など。神楽坂のアトリエを保存して、ご令孫がギャラリーとされた。

28 (1908—1990) 昭和期の日本画家, 童画家 五元美術連盟会長。本籍は福岡県北九州市。本名大石 鉄郎、川端画学校卒、1941年第1回航空美術逓信大臣賞。戦後は画家として活躍し43年日韓交流五元美術連盟を結成。

29 (1901-？) webcatplusでは、戦後に45冊が検索できた。戦中は5冊で、童話集『白い河原の子供たち』『少国民のための蜜蜂』などの挿絵を担当し、戦後は文章と挿絵をともに担当する児童文学作家として活躍した。素雲との縁は『白い河原~』が三學書房での出版だったことが関係しているかもしれない。

30 当時は金弘道作とされたが、現在は否定されている。

化粧箱の装丁である。

筆者は、この五冊の出版活動に、金素雲が30年代に起きた野談ブームを、宗主国でも巻き起こそうとする企図を仮定している。

次に、一冊ずつ検討・分析を加えるが、大別して野史三冊と昔話二冊に大別する。

4.『黄ろい牛と黒い牛』分析

1)「はしがき」(一部)

峠のいただきの木の葉をぬらした一しづくの水は、山肌をくぐり、谷川にあつまり、沼をとほり、野をよぎつて、やがて、はてしもない大海に注ぎ入ります。/大東亜を一つの海にたとへるなら、日本はその海の源をなす一すじの河だといへます。そしてこの河には、朝鮮だの、臺灣だの、琉球、アイヌなど、いくつもの支流が流れ寄つてゐるのです。/　中でも、文化の流れの遠く古いのが朝鮮で、それだけに川の旅の物語も多いわけです。その数ある物語の中から、とりわけ私たちにおもしろい話、しみじみと考へさせられる話を、二十五だけ擇んでみました。それがこの「黄ろい牛と黒い牛」です。/(略)　高麗から李朝にかけてのほぼ一千年間は、朝鮮の文化が一番榮えた時代です。外國のために苦しめられたり、内乱がつづいたりして、つらいことも多かつたかはりに、學問や芸術も目ざましく発達しました。名をうたはれた偉い政治家も大勢出ました。／（中略）どれもみな、ちよつとした短い話で、一千年の足跡から見れば、ほんの一つかみの落穂《陰》でしかありません。／落穂といへば、私は子供のころ、田舎で育ちました。お百姓さんが落穂一つをどんなに大切がるかは、この目で見てよく知つてゐます。収穫のあとで、こぼれた落穂を拾ふのは子供たちの仕事です。私も、昔の子供にかへつた心持で、この小さい本をつくりました。

昭和十八年三月　桃の節句に

著者

『三韓』『史譚』よりも、わかりやすい「河」や「落穂ひろい」の比喩が使われている。中でも今の大東亜を海に喩え、朝鮮、台湾、琉球、アイヌなどの支流が「流れよって」できた「一筋の河」が日本だとの喩えは秀逸で、「文化の流れの遠く古いのが朝鮮」とさりげなく言いのける素雲の大胆さも感じられる。

この『史譚』初・増、『黄黒』の序に共通しているのは、高麗・李朝時代を「朝鮮の文化が一番栄えた時代」で「學問や芸術も目ざましく発達し」「名をうたはれた偉い政治家も大勢出」た時代として高く評価している点である。具体的な例として「世界現在最古最善の経版－六千五百巻、十七萬面の高麗大蔵経や、今日の科学を以てしてさへ窺ひ知ることの出来ない陶磁器の神秘、西洋に先立つこと三世紀といはれる鋳造活字や、本場の支那を瞠若たらしめた李朝の学芸」を挙げている。これは、宗主国日本の歴史学者たちが高麗・李朝時代を中国王朝の冊封体制下に置かれたことによる「他律性」、「停滞性」を特徴と貶める言説に対する素雲なりの抗議とも受け取れる。検閲制度を意識した中でのギリギリの抵抗表現ではなかろうか。

「桃の節句に」という一言も、戦時体制下、重視される日本男児育成重視への、素雲のささやかな視点ずらし、と読むのも可能かもしれない。

2) 内容の特徴

野崎充彦氏は「野談」を以下のように解説している[31]。

野談とは、李朝後期に生み出された漢文説話集を指し、柳夢寅（一五五九～一六二三年）の『於于野談』がその嚆矢とされ

31　野崎允彦編訳注『青邱野談　李朝世俗譚』平凡社、2000年、291頁、東洋文庫670。

る。その登場人物は、上は王侯貴族から下は奴婢盗賊まで、あらゆる階層を網羅しており、まさに「李朝社会の万華鏡」と呼ぶにふさわしい人物譚集である。人物譚または世間咄といえば、日本ならだれもが『今昔物語集』を思い浮かべるように、およそ何処の国の作品であれ、その人間臭いドラマが読者を楽しませてくれるが、野談の価値はそれのみにとどまるものではない。なぜなら、野談は朝鮮文学史上においても極めて重要な位置を占めるからである。（傍点筆者）

しかし、素雲が実際に何を参考にしたかについては未だ不明な部分が多い。対象読者が児童ということで、大人向けの野談は避けられているのは勿論だが、分析してみると特徴として以下の４点が挙げられる。

① 賢臣・芸術家の少年時代（19「蛇と蛙」の李恒福・韓石峰）や、名もない子供の機知（９牛どろぼう）、
② 盲目の老人や柳器匠[32]などにも視野が広がっている。
③ 明確な高麗朝が５作で、あとは李朝時代がメインとなっている。
④ 女性（娘・母）が活躍する話が目立つ。

32　柳匠師は当時被差別人として最下層に置かれていた。

五冊のうち『三韓昔がたり』『朝鮮史譚』『黄ろい牛と黒い牛』では神話から三国時代、高麗・朝鮮の歴史、朝鮮時代の野史をそれぞれ収録した。『三韓昔がたり』では檀君を祖とする朝鮮民族が、倭にさまざまな文化をもたらす先進性があったことを明言し、『朝鮮史譚』では、初版で間に合わなかった朝鮮滅亡までの記述を半年後の再版で補うなど、執念を見せつつ戦時体制期の困難な時期に通史を完成させた。

金素雲は、若い朝鮮人の読者には朝鮮独自の歴史の発達や優れた人物を知らせ、自負心を回復させるため、朝鮮語を理解できなくなる次世代のためにも日本語で書き残そうとした。そして、日本の読者には朝鮮には独自の歴史があったこと、日本との間にもさまざまな交流があったことを歴史の教訓として伝えようとしたと筆者は考える。

これらの話の内容には、檀君の古朝鮮建国、新羅王子天日矛[33]の日本植民など独自の民族発展を主張した崔南善[34]や、高麗・朝鮮が優れた政治家や芸術家、青磁や活字など独自の先進的な文化を生んでいたとする文一平[35]らの民族

33　アメノヒボコ（天之日矛）は「新羅の国主《こにきし》の子」で、日本に神器をもたらした渡来系の神。出石、但馬など山陰から西日本で信仰されている。崔南善はこの地域を天之日矛が植民したと考え、素雲はそれを年表の中に記した。

34　十代の素雲は、崔南善主筆「時代日報」に1925-26年にかけて短詩を18作掲載しており、思想的にも影響を受けていたと思われる。

史学派の歴史観が垣間見られる。闇黒と批判された朝鮮時代にも、機知や柔軟な発想で危機を乗り越えた人物、日本より先に遠近法を取り入れた金弘道、朝鮮地図を完成させた金正浩などが存在したことを紹介した。

その一方、日鮮同祖論に基き朝鮮歴史の停滞性、依存性を主張して領土を半島内に縮小させた帝国の歴史家の主張についても、任那日本府や神功皇后新羅征伐などを加えている。当時は日本神話が歴史化されていたためやむを得ない記述で、出版のための妥協だったと考える。

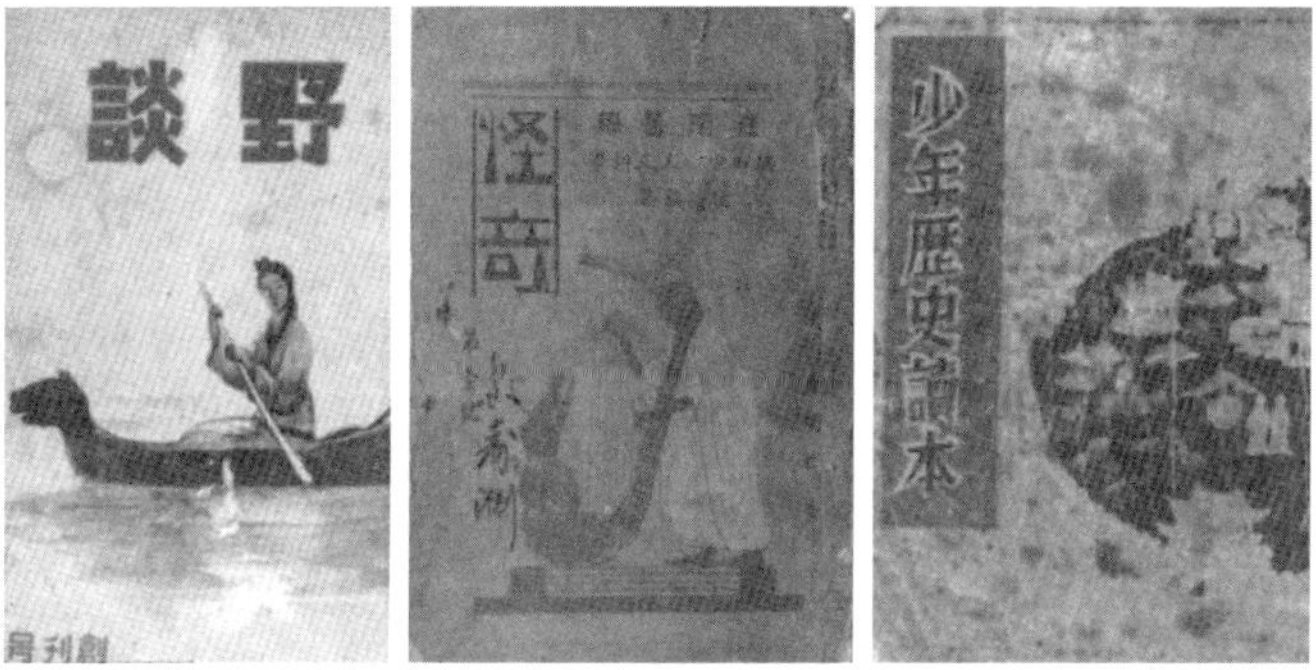

金素雲が影響を受けたと思われる著作・雑誌
右：文一平『少年歴史読本』朝鮮日報社、1940年2月刊。
中：崔南善主宰雑誌『怪奇』東明社、1929年5月刊、
左：金東仁編集雑誌『野談』野談社、1935年12月刊

35　文は「少年朝鮮日報」や「朝鮮日報付録」に「歴史이야기」を連載しており、彼の死後それをもとに編集部が『少年歴史読本』百話を出版した。

5. おわりに

以上、５冊の民譚集の出版背景を検討してきた。検閲や紙の配給制限が強化されるなか、金素雲が1943年10月段階まで出版できたのには、当時の植民地の「ローカルカラー（郷土色）」強調政策という背景もあった。帝国の東亜細亜民俗学の系統の中で、「朝鮮らしさ」が強調されるようになる。朝鮮人で4冊の民謡関係著作もあり、名訳の評価も高く、しかも普通学校の課外雑誌の編集の経験のある金素雲は、日本人から全幅の信頼を得ていたと思われる。素雲の「朝鮮郷土叢書」の企画を中央公論社が認めたのも、『石の鐘』が三版まで出版できたのも、このような背景があった。

金素雲は1945年2月日本を去る。1952年9月、ユネスコの招請で国際芸術家会議の参加メンバーに選ばれ、東京経由でヴェニスに向う。東京でのインタビュー記事「最近の韓国事情」（朝日新聞9月21日）が舌禍事件となり、帰途12月、東京で中日韓国代表部に旅券を没収される。以後素雲は、十三年間滞日を余儀なくされる。

その翌年の1953年、韓国童話『ろばの耳の王さま』（講談社）、『ネギを植えた人』（岩波少年文庫）を出版するが、これらには、「かぼちゃのたね」「果報せむし」「鹿と木こり」「龍宮の青い玉」など『石の鍾』『青い葉つぱ』と重なる民話がいくつか収録されている。

また、1957年には文化交流・学習のセンターとしてコリアン・ライブラリーの設立を構想し、その資金集めのため「木槿文庫」と称して『端宗六臣』『民族の日陰と日向』を、「木槿少年文庫」と称して『三つの瓶』『棉の種』の小冊子を計4冊刊行する。前者は野談とエッセイで中高生から大人向き、後者は野談と昔話で小学生程度が読者対象である。しかし、歳時記や諺も含めた言語文化の普及を意図した12冊計画のうち実現したのは4冊のみだった。

センター開設の資金作りはまた、1959年5月のテープライブラリー「録音教材社」の設立と続く。しかし、まず『アジアの民話』六巻[36]を製作して、学校教材化をめざした企図は、村上芙佐子が年譜で記したように「資金操作の不手際と人間関係の齟齬とから全く行き詰る。素雲は事業上の失敗以上に、同胞の協力を得られなかったことに挫折感を深くする。帰国を阻まれて八年、家族との交信も意に背くことが多くなり、以後帰国するまで、屈辱と虚無感にまみれた日々を過す。」この失敗の背景には、在日朝鮮人の中の冷戦体制も影響したのではないかと筆者は考えている。

36　演劇人の宇野重吉、北林谷榮、小池朝雄、城所英夫、佐野朝夫、荒木道子らが協力し、日本、朝鮮、インド、インドネシアなどの民話教材を制作した。朝鮮では「青い葉っぱ」などが入っている。

これら戦後の活動の目的も、朝鮮人と日本人の相互理解を深める点にあった。その活動の中心に史譚や民話の普及を置いていたことに、素雲の口碑文芸重視の考えが伺える。

戦前の日本の民俗学は日本を中心として手足を広げるという「大東亜民俗学」の帝国的本質を持っていた。それは敗戦によっては完全に排除できず、現在もなお潜在的に存在する。

戦後、金素雲の作品を刺激剤にして、松谷みよ子、瀬川拓男が再話した『朝鮮の民話』（太平出版社1973）が出版され、児童文学者や出版社が隣国の口承文芸に興味を示した。孫晋泰『朝鮮民譚集』と鄭寅燮『温突夜話』も戦後に再出版された[37]。近年では、崔仁鶴・石井正己編『国境を超える民俗学　日韓の対話によるアカデミズムの再構築』（三弥井書店.2016）として日韓共同学術会議か開催の成果が出版された。翻訳『韓国口碑文学大系１』（金壽堂出版、2016）は、韓国の『韓国口碑文学大系』の翻訳であり、学術面の「過去の克服」が行われている。

金素雲は芥川龍之介『侏儒の言葉』の一節「人間誰しもやりたいと思ふことをやつてゐるのではない。やれること

37　鄭寅燮『温突夜話』は1983年に三弥井書店から、孫晋泰『朝鮮民譚集』は2009年に勉誠出版から出版され、朝鮮の豊かな民譚の世界を日本人に伝えている。

をやつているに過ぎないのだー」を借りて「その『やれる』ことの最大限の力を発揮したい」[38]と心中で繰り返しながら「朝鮮郷土叢書」を編んだ。これら植民地期の朝鮮口碑文学の翻訳の意味を、現代の日韓で再度深く検討してみる必要がある。

38　金素雲主宰普通学校課外雑誌『木馬』(1936年5月発行)広告文より。

영인

누렁소와 검정소
黃ろい牛と黑い牛

黄いろ牛と黒い牛

鐵甚平 著

天佑書房 刊

装幀・さしゑ

高野喆史

はしがき

峠《とうげ》のいただきの木の葉をぬらした一しづくの水は、山肌《やまはだ》をくぐり、谷川にあつまり、沼《ぬま》をとほり、野をよぎつて、やがて、はてしもない大海《おほうみ》に注ぎ入ります。

大東亞を一つの海にたとへるなら、日本はその海の源をなす一すじの河だといへます。そしてこの河には、朝鮮だの、臺灣だの、琉球《りうきゆう》、アイヌなど、いくつもの支流が流れ寄つてゐるのです。

中でも、文化の流れの遠く古いのが朝鮮で、それだけに川の旅の物語も多いわけです。その數ある物語の中から、とりわけ私たちにおも

しろい話、しみじみと考へさせられる話を、二十五だけ撰んでみました。それがこの「黄ろい牛と黒い牛」です。

＊

昔は朝鮮も、新羅《しらぎ》・高句麗《かうくり》・百濟《くだら》の三つの國に分れてゐました。それが今から千年あまり前、高麗《かうらい》に統一《とういつ》され、その高麗は五百年つづいて、李氏《りし》朝鮮にかはりました。一口《ひとくち》に「李朝《りちよう》」といふのは、この李氏朝鮮のことです。

高麗から李朝へかけての、ほぼ一千年間は、朝鮮の文化が一番榮えた時代です。外國のために苦しめられたり、内亂がつづいたりして、つらいことも多かつたかはりに、學問や藝術も目ざましく發達しました。名をうたはれた偉い政治家も大勢出ました。

さうした人物の逸話や、歴史の上の出來事など、じつさいにあつた事柄《ことがら》を土臺にしましたが、中には、名前も處もない氣がるな小話も、いくつか加へてあります。どれもみな、ちよつとした短い話で、一千年の足跡から見れば、ほんの一つかみの落穂《おちほ》でしかありません。

落穂といへば、私は子供のころ、田舍で育ちました。お百姓さんが落穂一つをどんなに大切がるかは、この目で見てよく知つてゐます。收穫《とりいれ》のあとで、こぼれた落穂を拾ふのは子供たちの仕事です。私も、昔の子供にかへつた心持で、この小さい本をつくりました。

昭和十八年三月　桃の節句に

著者

目次

黄ろい牛と黒い牛

金のさかづき

光宗王《くわうそう》（高麗《かうらい》第四代）が高麗を治めてゐられたころ、内大臣に、徐弼《じよひつ》といふ老臣がありました。嘘をつくことが大きらひで、自分で正しいと信じたことは、どこまでも押しとほしてきかない人でしたから、蔭では、けむたく思ふ人もありましたが、しかし、この人の前に出ると、誰でも、びくびくして頭があがりませんでした。

あるとき、王様は國に手柄のある重臣たちを呼んで、金《きん》のさかづきを一組づつ賜はりました。重臣たちは、ありがたく頂戴しましたが、中で、徐弼ひとりは、かたく御辭退して、どうしてもお受けしませんでした。

「國が興るのも、亂れるのも、勤儉の心がけ一つでございます。臣たるものが、金の器《うつは》を用ひるやうになりましては、王様はいったい、何をお用ひにな

ればよろしいのでございませう。人の望みには、限りがないとか申します。御恩賞《ごおんしやう》はありがたく存じますがこればかりは頂戴いたしかねまする。」

徐弼のこのことばは、深く王樣のお心を動かしました。

「卿《けい》よく貪《むさぼ》らず儉《けん》をもつて寶となす。余《よ》まさに卿の言をもつて寶となさん。」

――儉約を寶だどいふ、その方のことばこそ、王であるこの自分にとつては、何よりの寶である。――これが王樣のお言葉でありました。

その頃は、大陸との交通が盛んで、唐の國から高麗へ歸《き》化《くわ》して來る者も澤山ありました。高麗の朝廷では、これらの歸《き》化人《くわじん》たちを鄭重《ていちやう》にあつかつて、臣下たちの邸《やしき》を勝手に擇んで住まはせたり、大臣の娘を妻にめとらせたりしました。王樣の御命令だから、仕方なしに從つてはゐましたが、臣下たちにとつては迷惑《めいわく》この上もない話です。いつ自分の邸を取上げられるか、娘を差出せといはれるか、――それに氣をとられて、おちおちお役目にも手がつか

ないといふありさまでした。

　徐弼は何を考へたか、ある日、王様の御《ご》前《ぜん》に出て、うやうやしく申し上げました。

「どうか小臣の住居を、お召上げいただきたうございます。」

やぶから棒に、から願ひ出たので、王様は、びつくりなさいました。

「それはまた、何ゆゑぢや。」

「はい」——徐弼は恐れげもなく、申上げました。

「近頃歸化の唐人たちは、王様の御仁慈をよいことにして、役目は選《え》り好みをする、住居は好き勝手に擇んで住むといふのが、しきたりになつてをります。おかげで、臣下の中には、祖先こ

のかた住みなれた家屋敷を取上げられるものが多く、小臣の住居なども、この分では、いつ何どき明渡《あけわた》さねばならぬか、知れたものではございません。どうせは子孫のために殘すことも出來ませぬもの、いつそのこと、今のうちに差出して、小臣は別に一つ、小屋を建てて住居にいたしたい考へでございます。」

王樣はこれを聞かれて、一時はたいさう御氣色を損ぜられましたが、やがて、なるほどと感じられ、それからといふもの、二度と臣下の邸を唐人のために召上げるやうなことはなさいませんでした。

戰場の約束

高宗《こうそう》王（高麗二十三代）のとき、蒙古《もうこ》の大兵が押しよせて來て、龍仁《りゆうじん》の處《しよ》仁城《じんじやう》を取りかこみました。ときに、城中に避難してゐた金允侯《きんいんこう》といふ僧が、大弓をひきしぼつて、敵の總大將撒禮塔《てつれいとう》を射殺《いころ》したので、蒙古兵は、大いにうろたへて、かこみを解きました。

王様が允侯の功を賞して、上將軍《じやうしやうぐん》を授けやうとすると、允侯は、

「覺えのないことでございます。僧のわたくしに、どうして弓などが引けませう。」

と、固く御辭退してお受けしませんでした。

手柄をかくさうとするその淨《きよ》い志《こゝろざし》に、王様はいよいよ感じ入られ、それではと、無理に說きふせて、もつと位の低い攝郎將《せつらうしやう》といふ職を授けました。

その後允侯は、忠州の防護隊長となつて、任地にゐましたが、またまた蒙古兵が攻めかかつて、こんどは、七十幾日も苦戰がつづきました。そのうちに、城中の軍糧もそろそろ盡きかけたので、允侯は城兵を集めて、最後の覺悟をいひ聞かせました。

「いよいよ、軍糧もなくならうとしてゐる。このままでは、城の落ちるのも遠いことではあるまい。どうせは、城が落ちて敵のゑじきとなるものなら華々しく一戰して、男らしく死なうではないか。なほまた、萬に一つ、勝いくさになつたときは、身分のあるなしにかゝはらず、官祿をさづけてきつと片手落のないやうにしよう。」

さういつて、允侯は手もとにあつた官奴《くわんど》の名簿を、火の中に投げ込みました。官奴といふのは身分の低い奴隷軍のことで、いままでは、たとへどんな手柄があつても、出世をすることが出來ませんでした。名簿を燒いたのは、

けふかぎり、その身分を忘れよといふ意味です。
また允侯は、牛や馬や残つてゐた食糧を残らず出してみんなに公平に分けさせました。
士卒たちは感激して、つぎの決戰のとき、城

門をひらいて一齊に敵陣に斬込み、それこそ命を投げ出して働きました。さすがの蒙古勢もこれには歯が立たず、城をあきらめて退散しました。

その戰功で、上將軍を授けられた允侯は、

「これは私一人の手柄ではございません。士卒の働きがあつたればこそ、城を守ることが出來たのです。」

と、まごころから願ひ出ました。そして、奴隷軍をその日から、全部武士に取立て、戰場の約束どほり、一人のこらず厚い恩賞にあづからせました。

日 ——傳承童謠 一

日よ 日よ 紅《あか》い日よ
キムチの汁で めし食べて
チャング 鳴らして 出て來い。〔咸北〕

・

荏胡麻《えごま》やらうに 照れ照れ
白胡麻やらうに 照れ照れ。〔忠南〕

▽雲に日がかくれたとき、空を見上げながら唱へる。
▽キムチは漬物のこと。チャングは、舞や踊りの時つかふ長いつつみ。長鼓。

一俵の恩

允成《いんせい》は、元宗王《げんそう》（高麗二十四代）のとき、甲串里《かうくわんり》に住んでゐた町人でした。豐《ゆた》かといふほどではないが、日ごろから、儉《つま》しくしてゐましたので、少しばかりのたくはへもあり、暮しに困るやうなことはありませんでした。

隣は武士の家でした。祿に、はなれたために、その武士はひどい貧乏をしてゐました。恥も知り、武士の操《みさを》も心得てはゐましたが、貧すれば鈍《どん》するのたとへ、わるいこととは知りながら、ある夜、垣根《かきね》に穴をあけて、允成の家から米俵を一つ盜まうとしました。

物音を聞きつけて、主《あるじ》の允成が出て來ましたが、月のない暗い晚で、武士はそれに氣がつきませんでした。武士は米俵を垣根のところへ運んで、まづ自分から先に穴を出ました。それから、米俵を持出さうとしましたが、俵が

重いのと、穴が小さいのとで、なかなか思ふやうには出せませんでした。

それ見てゐた允成は、中の方から手をかして、そつと俵を押出してやりました。武士はびつくりして、俵も何も、はうり出したまゝ、逃げ出しました。允成は、あと追ひかけていつて、武士の手をとらへました。

「お待ちなさい。困るときはおたがひさまです。それに、家の者もみな寢入つてゐて、氣のついた者は誰もゐません。あなたほどの方が、人のものなどに手を出すのは、よくよくのことです。何もいはずに、どうか、あの米俵は持つていつて下さい。」

武士は、恥かしさに顔もあげられませんでしたが、とうとう、主の言葉に甘へて、その米俵をかついでかへりました。允成は、垣根の穴を、もとどほりになほして、家の人たちには、一言《ひとこと》も、それをいひませんでした。

それから、何年かたつてからです　都から一人の商人が來て、允成の家に

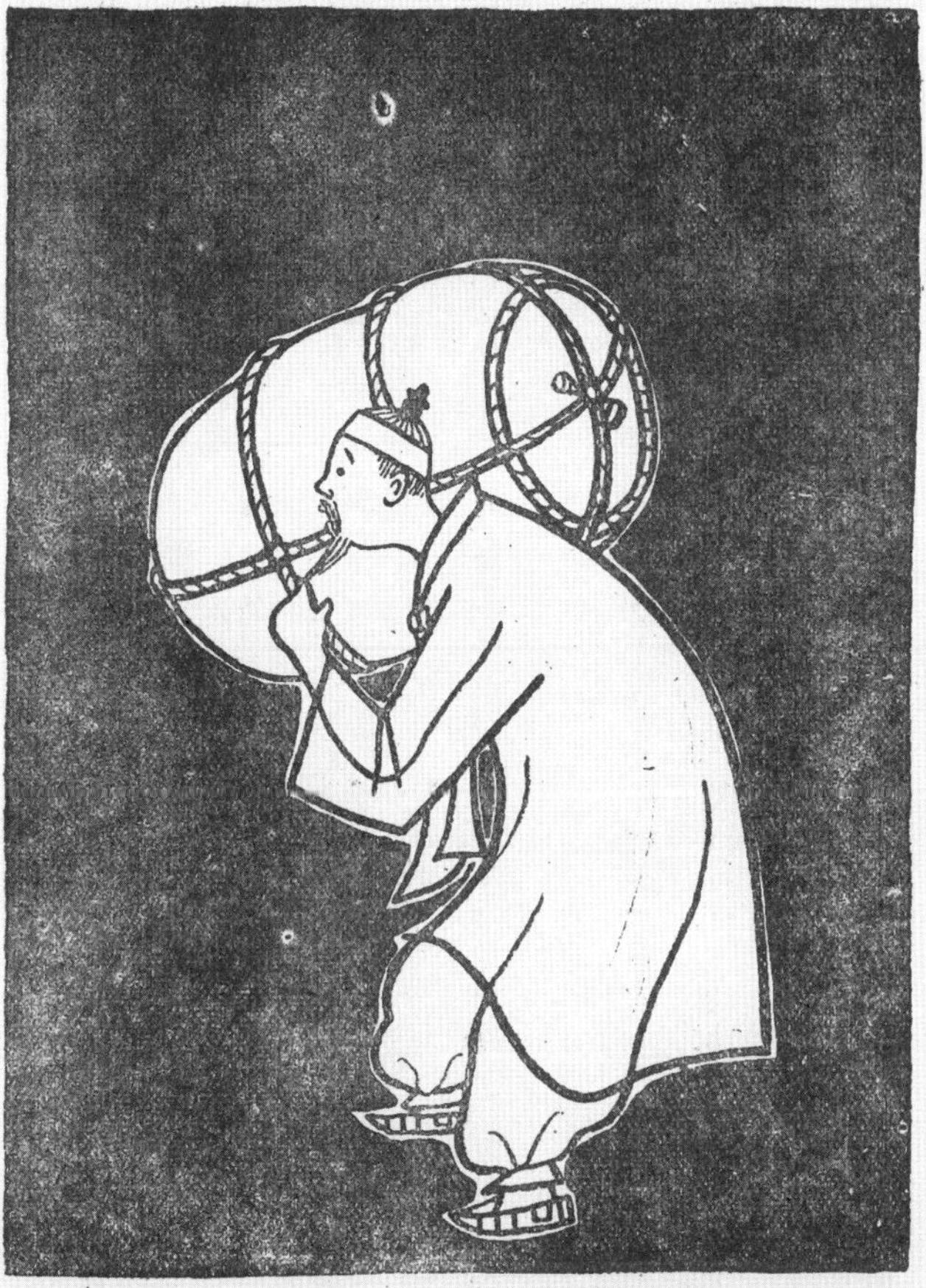

泊りました。この商人は、もともと允成とは顔なじみの仲でした。あくる日、商人は用事をすませて、機嫌よく都へ歸つて行きましたが、途中で、惡者のために、持金を殘らずさらはれたばかりか、命までも取られてしまひました。

疑ひは允成にかかりました。役人は、允成を縛り上げて、きびしい吟味《ぎんみ》にかけました。

「お前のしわざに違ひない。商人が大金を持つてゐたのを知つてゐるのはお前ばかりだ。よい加減に白狀したらどうだ。」

役人は、かういつて毎日のやうに責め立てます。いくら申し開きをしても聞き入れません。とうとう允成は、身に覺えのない罪を、かぶつてしまひました。

允成の罪が、いよいよ決つたとき、一人の男が役所へ名乘つて出ました。

「その罪人は私です。どうか私を牢へ入れてください。」

役人は驚いてその男を調べました。それは允成の隣の貧乏な武士でした。武士は允成のうつくしい心を誰よりもよく知つてゐました。その人が、覺えのない罪のために首を斬られると知つては、ぢつとしてゐることが出來なかつたのです。米一俵の恩のために、武士は自分から身代りにならうと決心したのでした。

允成はすぐ赦されて、その代り、こんどは武士が牢へつながれました。ところが、それからいくらもたたないうちに、ほんたうの惡者がつかまりました。その惡者の口から、何もかもが白狀されました。

武士は、危《あやふ》いところで命拾ひをしましたが、そのために允成や武士のうつくしい心が、世間に知れわたりました。

あとで、武士は仕官をして、よい身分になりました。

落したふくろ

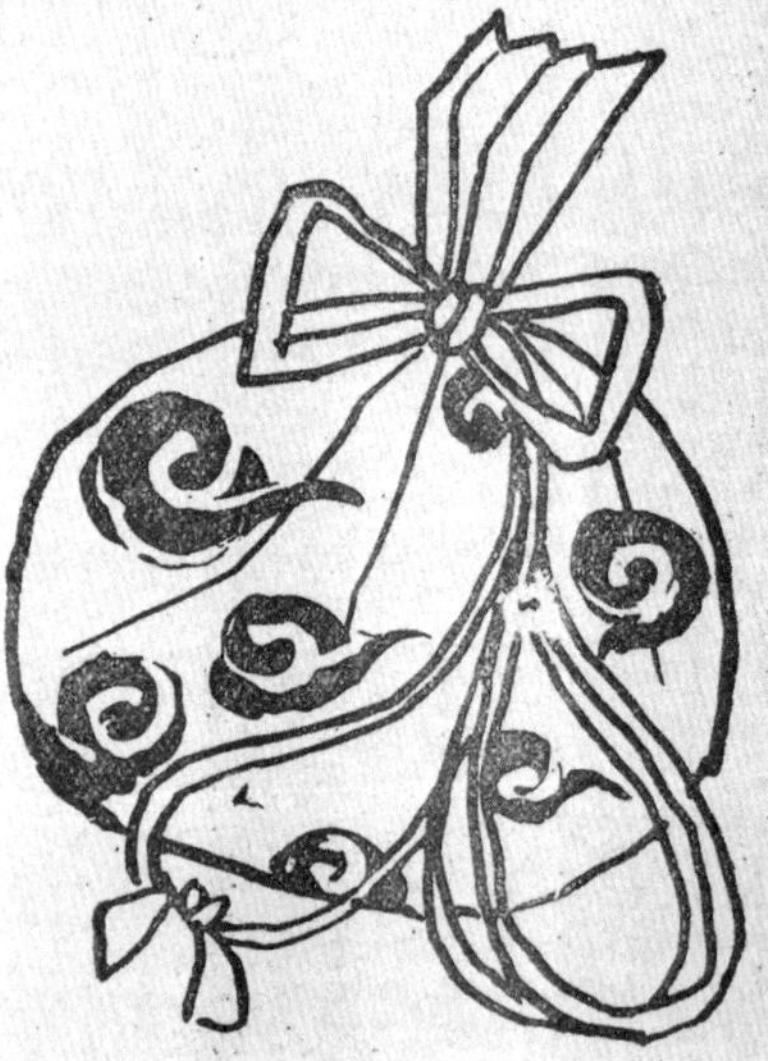

高麗も終りの頃でした。

忠清道のある田舍に、學問にばかりむちゆうで、少しも働かない書生さんがありました。明けても暮れても、論語や孟子ばかり讀んでゐて、仕事は何一つしません。もともと裕《ゆた》かな暮しでもないところへ、毎日本ばかり讀んでゐるのですから、貧乏になるのはあたりまへです。とうとうしまひには、三度の食事にも事欠くやうになりました。

さて、どうしたらよいかと、あれこれ考へてみても、急にはよい工夫もつきません。書生さんは苦しまぎれに、ある晩、村の地主の家にしのび込みました。そして、藏の中から、百兩づつ入つた革《かは》のふくろを五つだけ、持出すと、へいを乗りこえて、自分の家に歸つて來ました。

家に歸つて、ふくろをしらべてみたら、どうしたわけか、一つだけ數が足りません。

「きつと、途中で落したのだ。家の近くにでも落ちてゐたらそれこそ大變、すぐにばれてしまふに違ひない。いまのうちに探してみよう。」

さう思つて、書生さんは大急ぎでまた外へ出ました。そしてそのへんをうろうろ探しながら、橋のところまで來ると、ちやうどそこに、一人の男が立つてゐました。その男はぼろぼろのきものを着て、見るからに貧しさうななりをしてゐました。

男は、書生さんのすがたを見かけるところゑをかけました。

「もしもし、何かあなたは、落しものを探してゐるのぢやありませんか。」

「はい、じつは、革のふくろを一つ落しました。」

書生さんがさういふと、ぼろを着た男は、

「これでせう、きつと。いまここで拾ひましたので、落した人を待つてゐたところです。」

さういひながらふところから、革のふくろを取り出して、書生さんに渡しました。

「それはそれは、ありがたうございました。おかげで助かりました。」

書生さんは禮をのべて、そのふくろを受取りました。さて、歸りながらつくづく

考へてみると、自分の行ひが、いまさらのやうに恥かしくてなりません。

「自分よりも、もつと困つてゐる人でさへ、拾つたものを返へしてくれたではないか。まして、自分は貧乏こそしてをれ、ちやんとした家柄に生れ、朝夕聖人の書を讀んでゐる者だ。それが、人の家にしのび込んで、盗人《ぬすびと》のまねをしたとは、なんといふ情ない話だらう。」

書生さんは、苦しさ、恥かしさに、夜が明けるまでまんじりともしませんでした。そして朝になるのを待ちかねて、地主の家をたづねて行きました。

「私は、ゆふべお宅の藏からお金を盜んだ者です。盜んで歸りがけ、橋のところで、ふくろを一つ落しました。あとで氣がついて引返へしてみると、身なりの貧しい人が、そのふくろを拾つて、持主の來るのを待つてゐてくれました。ふくろは手にもどりましたが、私はすつかり恥かしくなりました。その人は、見たところ、私よりももつと困つてゐるやうすでした。そんな人でさへ、他人のものに手を出さないのに、私は聖人の教を學んでをりながら、盜人のまねをしたのです。なんと、申しわけをしてよいかわかりません。金は、そつくり、ここへ持つて來ました。どうか、おしらべになつて下さい。そして、いますぐ役人を呼んで、私を引渡して下さい。」

五つのふくろをそこへ並べて、涙ながらにさう申しました。

地主は、心から感心しました。

「拾つたものを返した人も偉いが、あなただつて、それに負けないくらゐ偉い人です。あなたのしたことは惡いに違ひないが、惡いと氣がついて返しに來るなどは、誰にでも出來ることではありません。やつぱりあなたは、聖人の教を學んだ人ですよ。」

さういつて、革ぶくろの一つを、改めて書生さんに贈りました。

書生さんは、もう今までのやうに、本ばかり讀んではゐませんでした。勉强もしましたが、仕事にも精を出しました。そして、あとでは、村の人々にも崇められるやうな、りつぱな人になりました。

月・星 ——傳承童謠 二

月よ　月よ　明るい月よ
李白と遊んだ　あの月よ
李白は　李白は　もう死んだ
誰と　この先や　遊ぶのだ。〔慶北〕

・

呼んだは、誰だ、
呼んだは　誰だ、
一つ星どんが　見えて
暮でも閨《かこ》もと　呼びなさる。〔忠南〕

▽李白は唐の詩人李太白のこと。

棉の種

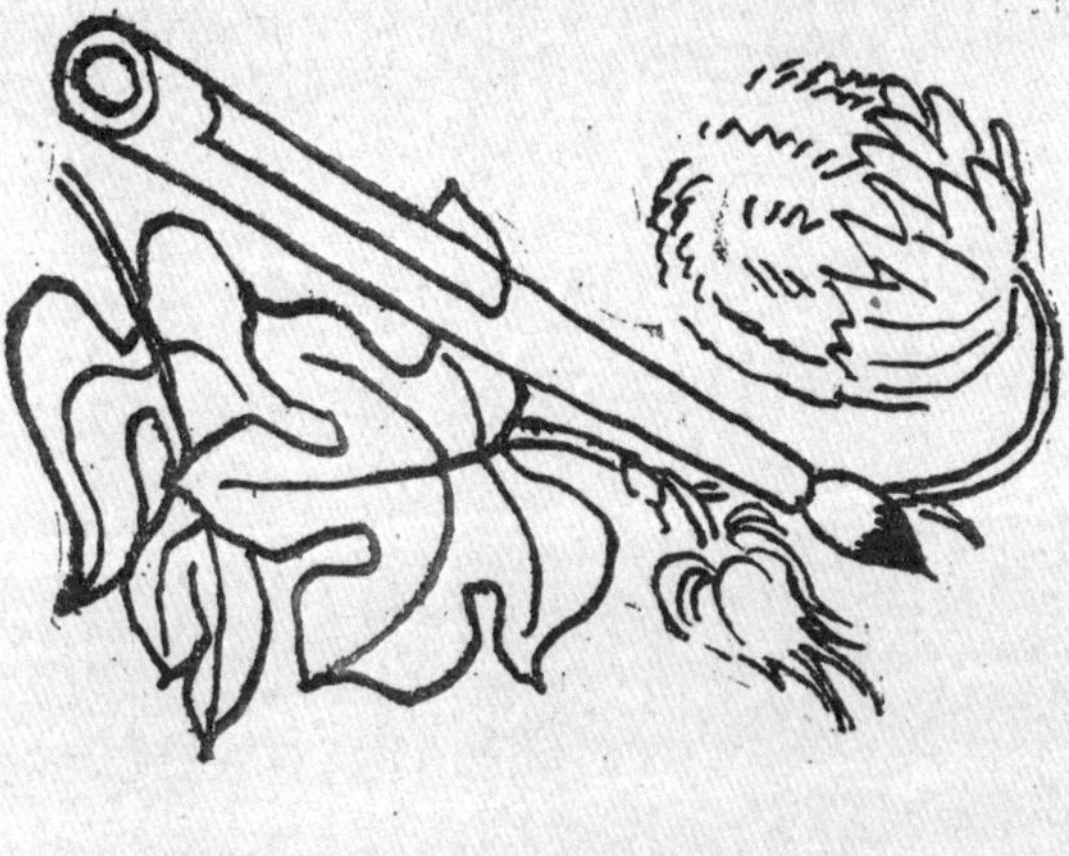

棉《わた》がはじめて、朝鮮に植ゑられたのは、高麗の末ごろです。

第三十一代恭愍《きようびん》王のとき、儒臣として名高い文益漸《ぶんえきぜん》先生が、重い役目をおびて元《げん》の國へ遣はされました。ところが、政治の上のいざこざから、先生は元の朝廷の誤解を受けて、交趾《かうし》といふ土地へ移され、身柄をとめ置かれることになりました。この不幸な出來事が、結果からみれば、朝鮮にとつては、またとない、大きなしあはせを、もたらしたのです。

交趾といふのは、今の安南で、昔から棉の產地として名高いところです。先生は、ここへ三年ゐるうちに、棉といふものが人間の生活にとつて、どんなに大切なものであるかを、目《ま》のあたり教へられました。

「なんとかして朝鮮へも、この棉を移し植ゑたいものだ。」

さう考へましたが、交趾では棉の種を國外へ持出すことが、固く禁じられてゐるので、大つぴらに持つて來ることは出來ません。國境には、往來の人の荷物を一々しらべるために、關所まで設けられてゐました。

三年たつて、めんどうな問題も無事に片づき、いよいよ先生は歸國することになりました。

「はて、どうしたら、うまくあの種を持出せるだらう。」

あれこれと思案をめぐらしてゐるうちに、ふと、よい智慧が浮びました。筆の軸《ぢく》です。その軸の中へ棉の種を五六粒しのばせて、國境へさしかかりましたが、さすがの關所役人もこれには氣がつきません。とうとう、その種を朝鮮まで無事に持つて來ることが出來ました。

先生は、舅《しうと》の鄭《てい》天益《てんえき》といふ人にその種を渡して、やはらかい土の上に植ゑさせました。すると秋になつて、その中のたつた一つだけが、芽を出して、

眞白な棉の實をつけました。そのときのうれしさ――。
さつそく、その棉から種をとつて、翌る春もう一度蒔きました。秋になると、こんどは棉の木が、何十というふかずになりました。これを三年くりかへしてゐるうちに、つひには畠一枚が、眞白く棉の花で埋まるまでになりました。

　それからあとはその棉の種を、方々の土地へ分けて植ゑさせ、實《みの》るにつれて、つぎからつぎへと繁殖させました。それまで棉といへば、大陸からの移入だけにたよつてゐた朝鮮にも、かうしてはじめて、りつぱな棉がとれるやうになりました。

　種をとり、それを彈綿機《だんめんき》にかけ、糸をぬいて、いよ

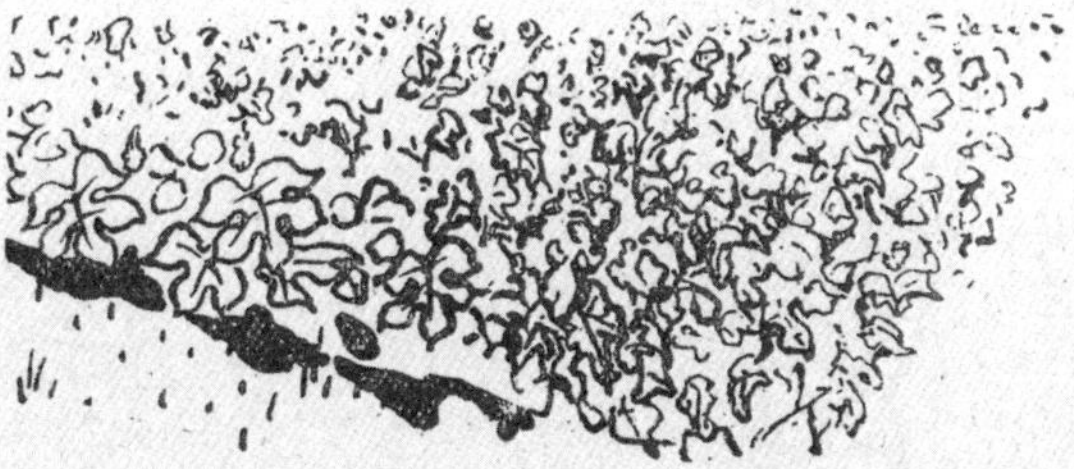

いよ木棉に織りあげるまでには、なほ、いろいろと工夫がはらはれました。道具がすつかり揃ふまでには、三代もかかりました。

朝鮮では、糸ぐるまのことを、「文莱《ムンレ》」といつてゐます。それは、糸ぐるまを考へ出した文先生のお孫さんの名で、

それがそのまま、糸ぐるまの名になつたのだといふことです。

それについては、民間にかういふ話も傳はつてゐます。

棉だけはとれるやうになりましたが、さて、困つたことに、織物に仕上げるまでの手順がわかりません。それで、いろいろと工夫をめぐらしてゐると、ある日、見なれぬお坊さんが一人、棉の畠を通りがかつて、足をとめたまま、いつまでも動かうとしません。

ふしぎに思つた文先生は、そのお坊さんをわが家へあんないして、ねんごろにもてなしながら、わけをたづねました。

「失禮ですが、御《ご》坊《ばう》は、どちらからお出でになりましたか。なぜ、あのやうに、棉の畠にお立止りになつたのですか。」

すると、お坊さんがいふには、

「愚僧は、棉の本場といはれる交趾に生れました者、ふとした御縁から貴國

へ來て、もう十幾年も故郷の土を踏んでゐません。ところが、けふ、はからずも棉の畠を通りがかり、一めんに白くついてゐる棉の實を見て、あまりのなつかしさに、われを忘れて立ちつくしたやうなわけです。」

それを聞くと、先生は飛立つばかりによろこびました。

「それはそれは——。あの種も、じつは交趾から持つて來たものです。棉の實だけは、まづまづ、とれるやうになりましたが、あれを織物に仕上げるには一たいどうすればよろしいのでせう。それがわからずに困つてゐたところです。御坊にめぐり逢つたのは、きつと佛さまのお引合はせに違ひありません。どうか一つ、教へていただきたいものです。」

「よろしいとも、お教へいたしませう。」

お坊さんは氣がるに返事をして、知つてゐるだけのことを、のこらず先生に傳《つた》へました。

それからは、どしどし木棉が織出されて、やがて國中の家庭工業になつたといふことです。

雨 ——傳承童謠 三

雨 雨 にはか雨
雉《きじ》の路へ 逃げろ
兎の路へ 逃げろ
鵲《カチ》の路へ 逃げろ。〔慶北〕

•

雨よ どんど降れ
市場が 火事だ。〔慶北〕

らふそくの灯《ひ》

寺子屋のお師匠《ししやう》さんが、子供たちの智慧を試《ため》さうと思つて、

「お前たちのうちで、誰でもよい。一文錢で、部屋ぢゆう一ぱいになるものを買つて來る者はないか。」

と、たづねました。

すると、大ぜいの子供たちの中で、「出來ます。」と、うけ合つたのが二人ゐました。その二人は、どちらも、ふだんから、智慧があるといはれてゐる子供でした。

お師匠さんは二人に、それぞれ一枚づつ一文錢を渡しました。二人は外へ出て行くと、しばらくたつて、めいめい、何か買つて歸りました。

一人の子が買つて來たのは、わら束《たば》でした。その子は、買つて來たわらを

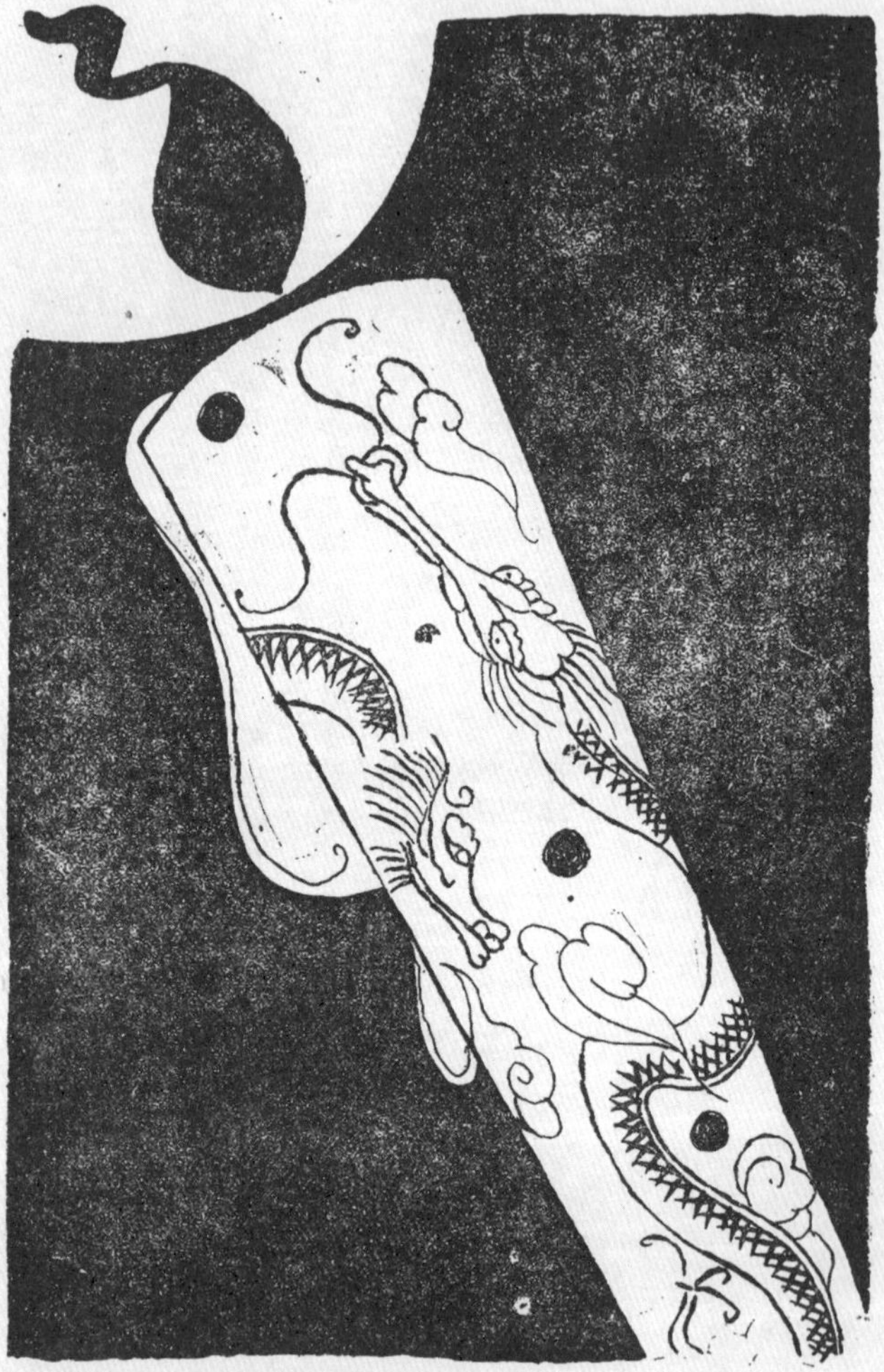

火鉢に置いて、火をつけました。なるほど、けむりで、部屋ぢゆうが、一ぱいになりました。けむりにむせて、みんなはゴホン／＼と、せき込みました。

こんどは、もう一人の子の番です。その子は、包みの中から、らふそくを取り出しました。部屋のまん中に、らふそくを立てて、灯《ひ》をとぼしました。明るい光で、部屋ぢゆうが一ぱいになりました。

お師匠さんは申しました。

「どちらもよく考へついた。智慧がなくては出來ないことだ。しかし、同じ智慧は智慧でも、二人のしたことは、それぞれ意味がちがふ。けむりは人を苦しめるものだ。光は、ものを照らして明るくするものだ。世の中には、少しばかり智慧のあるのをよいことにして、自分の出世や、しあはせのためには、人の苦しみなど考へもしないやうな人が多い。それでは、せつかくの智慧も、世の中をよくするどころか、かへつて住みにくい、わるいものにして

しまふ。同じ智慧をつかふなら、らふそくの光のやうに、人間の心を明るく照らすやうな、よいつかひかたをしたいものだ。」

☆

もう一つ、寺子屋の話です。

お師匠さんが、暗い部屋の中に、かみそりを落して置きました。そして二人の子を呼んで、

「あの部屋からかみそりを探してお出で。だが、灯《あか》りをつけてはいけないよ。」

と、いひつけました。

暗い部屋の中で、一人の子がいひました。

「心落ちつけて、ぢつとしてゐたら、いまにきつと刃《は》の光が見えるに違ひない。」

すると、もう一人の子が笑ひながら、

「そんな氣ながなまねをしないでも、大丈夫探して見せるよ。」

さういつて 力任せに足を踏み鳴しました。チヤリンといふ音がして、かみそりは、ぢきに探し出せました。

あとで、その話を聞いて、お師匠さんが訓《さと》しました。

「音で探し出したのもよいが、これは危い。もしも足もとに刄が落ちてゐたらどうする。怪我をしたかも知れないではないか。それよりも、心を落ちつけて、刄の光を見ようといつたのは、氣ながなやうでも間違ひがない。これが、ほんたうの智慧だ。手柄を急ぐと、よく、とんでもない失敗をすることがある。お前たちも、よくよく氣をつけておくれ。」

なくした印符《いんぷ》

ある田舎に、新しい郡守が赴任して來ました。學問もあり、行ひも正しい人でしたから、土地の人たちは喜んで、この新しい郡守を迎へました。

ところが赴任《ふにん》して間もなく、郡守の身の上に、大變なしんぱいごとが持ち上りました。いつの間にか印符《いんぷ》がなくなつたのです。印符といふのは、王樣から、お役目を仰せつかつたしるしになるもので、これがないと、郡守といふ身分は、みとめられません。それで郡守になる者は、この印符を命より大切にしてゐました。

(どうしても探し出さねばならないが、はて、どうしたらよいだらう。)

郡守は、食事ものどへ通りません。表むきになつては、それこそ、おほごとですから、こればかりは、人に相談をすることも出來ないのです。

二日も三日も食事をとらずに、郡守は部屋へ閉ぢこもつて考へ込んでゐました。いくら考へても、考へただけで、なくなつた印符が出て來るわけはありません。いよいよのときは、役目を投げ出して、王様におわびをしなければならないと、覺悟をきめてをりました。

郡守には、十五になる娘がひとりゐました。娘は、お父さんの部屋に入つて來て、

「どうなさいました。何をそんなにしんぱいしていらつしやるのです。」

と、たづねました。

「なに、お前の知つたことではない。いいから、あつちへ行つてお出で。」

郡守は顏もあげずに、さういひました。

「でも、どんなことだか、おつしやつてみてください。お一人でしんぱいなさるより、何か、よい智慧が出て來るかも知れませんから。」

それもさうだと思つて、郡守は、娘に打ちあけました。

「お前に話したところで仕方がないが、じつは印符をなくしたのだ。」

「どこでおなくしになつたのでせう。」

「それが、おかしいではないか。役所の印箱の中に、大切にしまつておいたのに、いつの間にか、

なくなつてゐるのだよ。」

娘は、しばらくの間、何か考へてゐましたが、

「誰か、お父さんに恨みをもつてゐる人はないでせうか。」

と、また、聞きました。

「いいや、まだわしは、この土地へ來て間もないから、恨みを受けるはずはない。だが、たつた一人、部下の中に反對派の者がゐる。わしがここの郡守になつて來たのを喜ばない者がゐるとすれば、その男ぐらゐのものだ。しかし、疑つてはみても、これといふしようこがないから、どうすることも出來ないではないか。」

郡守はさういつて、ためいきをつきました。

「それです。きつとその人が、お父さんを困らせようと思つて、印符を持ち

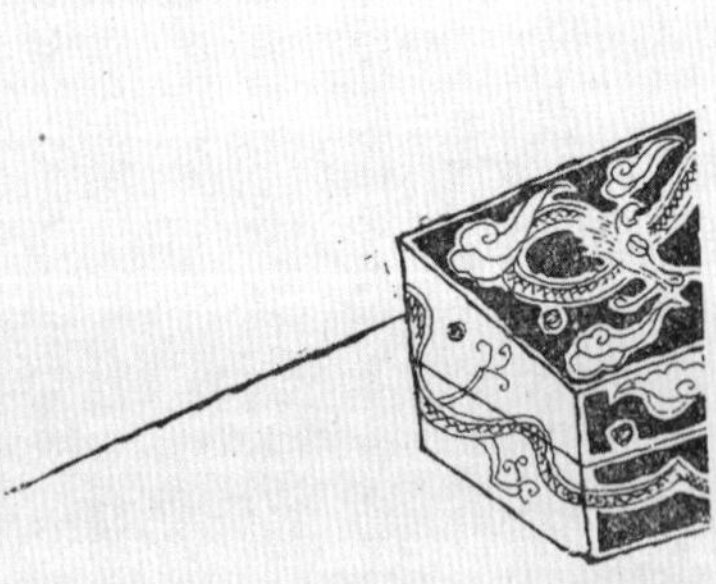

出したにちがひありません。よいことがあります。かうなさつたら、ぢきに印符はもどります。」

さういひながら、娘は何か小さいこゑでささやきました。郡守は、それを聞くと、「うんうん、なるほど、なるほど。」と、うなづきました。そして、翌る日、朝早く役所へ出て行きました。

「二三日、ぐあいがわるくて寝てゐたが、もう體もよくなつた。けふは一つ、赴任の祝ひに、酒盛りをやらう。」

郡守は下役人にいひつけて、御馳走をたくさん運ばせました。役人たちも一人のこらず集りました。その中には、疑ひをかけた反對派の役人も、まじつてゐました。

呑《の》めや、歌へやと、一同が酒盛りをしてゐるさいちゆうです。役所のぢき裏手から、急にけむりが上つて、

「火事だ、火事だ。」

と、大ごゑでさけぶのが聞えて來ました。いままで、よい氣持で、うかれてゐた人たちも、びつくりして一どきに立ち上りました。

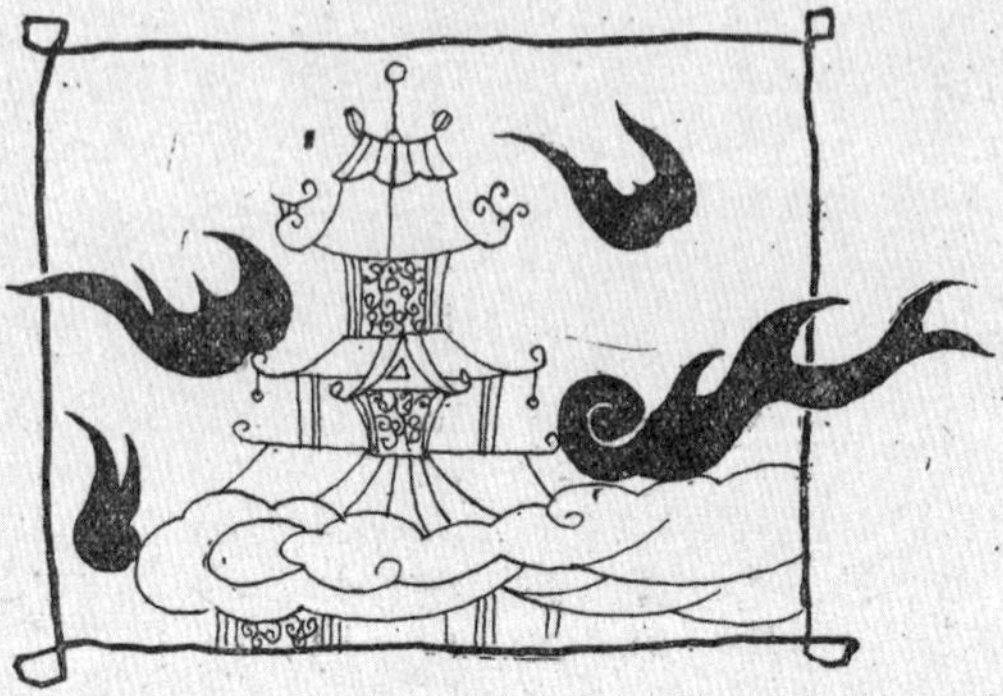

そのとき、上座《かみざ》にゐた郡守は、あはてたふりをして、印箱をつかむなり、

「きみ、きみ、この印箱を、ちよつとあづかつてくれたまへ。」

さういつて、反對派の役人の手にその印箱を押しつけると、あたふたと外の方へ、とび出して行きました。

火事は、ぢきに消し止めました。あとで、

郡守が印箱を取りかへしてみると、その中に、ちやんと、なくした印符が入つてゐました。

印符を盗んだのは、やつぱりその男でした。火事さわぎで、郡守から印箱をあづかりましたが、その男は考へました。

（もし、このままかへしたら、印符をとつたといはれるにちがひない。さいはひ、印符の失くなつたのに、まだ氣がついてないらしいから、こんどは一ぺん、もどしておいて、このつぎに、また盗み出せばよい。）

さう思つて、一たん持ち出した印符を、もとのやうにかへしておいたのでした。

火事さわぎも、印箱をあづけさせたのも、みんな、郡守の娘の智慧から出てゐることは、いふまでもありません。それからといふもの、郡守は印符を肌身《はだみ》につけて、少しの間も、はなしませんでしたから、二度となくすやうな

 こともなく、しまひまで無事にお役目を勤め上げることが出來ました。

とんび　――傳承童謠　四

とんびよ　とんび　まはれ
めんどり　食はそに
スール　スール　まはれ。〔忠南〕

●

とんびが　飛んだ
ひよこ　ひよこ　入れ
父《とと》の脚《あし》の下に
母《かか》の羽《はね》の下に。〔江原〕

ひばり　——傳承童謠　五

ひばり　ひばり
どこどこ　行つた
子生みに　行つた
子いくつ　生んだ
五腹　生んだ
一腹　くれいな
やるわけ　ないない
かわいも　わが子
憎いも　わが子。〔平北〕

埋《うづ》めた銭

盲のおぢいさんが、
長い間かかつて、銭を五百兩
ためました。
人にあづけるのもしんぱいだし、

家に置いて、もし火事にでもなつたら取りかへしがつきません。あれこれとしあんのあげく、裏庭のすみを掘つて、そこへ埋めて置くことにしました。そして、ときどき夜中に起き出しては、庭を掘りかへしてみて、銭が無事かどうかを、たしかめました。

それを知つたのが隣の男です。盲のおぢいさんのゐないとき、こつそりやつて來て、その銭を掘り出してしまひました。

そんなこととは知らない盲のおぢいさんは、ある晩、いつものやうに、裏庭を掘りかへしてみましたが、もうそこに銭はありません。

（しまつた。隣の男に感づかれたにちがひない。きつとあの男が盗み出した

のだ。）

盲のおぢいさんはさう思ひましたが、これといふしようこがないので、どうすることも出來ません。

（うん、さうだ。いいことがある。）

おぢいさんは何かひとりでがてんをして、隣の家に行きました。そして隣の男と、よもやまの世間ばなしをしたあとで、

「じつはね――。」

と、小さいこゑでいひました。

「あんただけに打ち明けるけれど、錢が千兩ほどたまりました。そのうちの五百兩は、あるところへ埋めて、あとの五百兩は、自分で持つてゐましたがね、どうも、それでは安心が出來ないから、それもやつぱり同じところへ、一しよに埋めようかと思ひます。どんなものでせうかね。」

「それは、埋めるにかぎりますよ。」

隣の男は、さう、へんじをしながら、心の中で思ひました。

（前の五百兩を、もとのところへ返して置きさへすれば、その上また五百兩埋めるから、合せて千兩の金が手に入るわけだ。これはよいことを聞いた。）

そこで、つぎの晩、盲のおぢいさんのゐないあとへ、隣の男は、またやつて來て、持ち出した五百兩を、もとの通りに埋めて置きました。

盲のおぢいさんは、庭のすみを掘りかへしてみて、錢のもどつたのがわかると、すぐにその錢を、ほかの場所へうつしてしまひました。

蝶・蜂 ——傳承童謠 六

蝶よ 蝶よ
菜の花 やらうに
こつちへ 飛んで來い。〔平南〕

蝶よ蝶よ 水汲め
蜂よ蜂 蜜とれ。〔慶北〕

蝶々 蝶々
菜の畠《はた》に 白い蝶
大根畠《ばたけ》に 黄ろい蝶。〔忠北〕

牛どろぼう

みんなよそへ行つて、小さい子供が一人、
おるすばんをしてゐました。

そこへ入つて來たのが、牛どろぼうです。

牛どろぼうは、子供には氣がつかずに、牛小屋へ入つて、まるまるとふとつた、牡《お》牛を一頭曳《ひ》き出しました。

子供がそれを見つけて、いひました。

「をぢさん、その牛はね、いまは赤牛だけれど、もとは黒かつたんだよ。」

「どうしてだね。」

「うちのお父さんが、よその牛を連れて來たんだよ。そして、色を取りかへてしまつたんだよ。だから誰も氣がつかないのさ。」

「そんなことが出來るものか。」

――牛どろぼうは、くびをかしげました。

「出來るとも、うちのお父さんはね、黑牛を赤くしたり、赤牛を黑くしたり、それから、角《つの》だつて、曲げたり、まつすぐにしたり、いろんなことが出來るんだよ。をぢさんも習つたら

いいよ。」

子供がさういつたので、ばか正直な牛どろぼうは、すつかり、ほんたうにしてしまひました。

（この家の主人は、きつと牛どろぼうの先生にちがひない。そんな仕かけが出來るものなら、自分も一つ教へてもらひたいものだ。）

さう思つて、牛どろぼうは、えんがはに腰をかけて、主人の歸りを待つてゐました。

しばらくして、子供のお父さんが野良から歸りました。子供は、お父さんに話して、難なく、牛どろぼうをつかまへてしまひました。

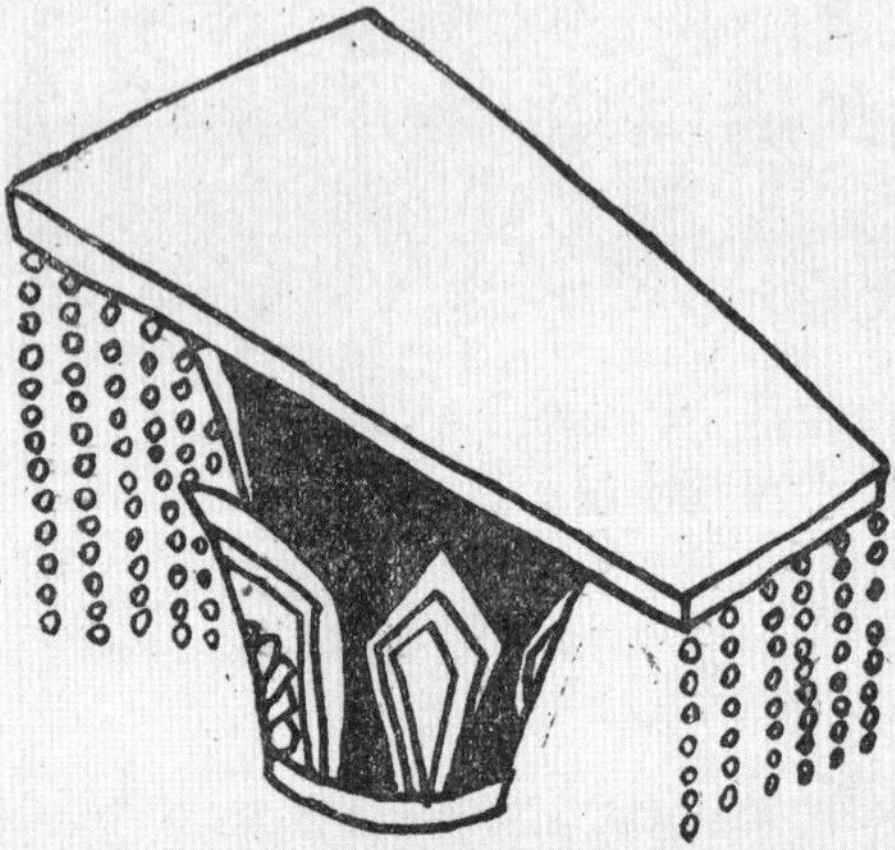

仔《こ》づれの馬

高麗のあとを承けて、李氏朝鮮が立つたのは、今からかぞへて、ちやうど五百五十年の昔です。

最初の王樣李太祖は、もと高麗に仕へてゐた武將でした。勇氣もあるかはりに、お氣も強く、いろいろとおもしろくないことばかりがつづきました。王子たちとの間にも爭ひごとが起り、李太祖はせつかく國を建てながら、わづか六年あまりで位を退いてしまはれました。

つづいて一番上の王子が位につきましたが、二年後に、こんどは五番目の王子の太宗《たいそう》が王となりました。この太宗は、勇氣も智慧も、王子たちの中では一番すぐれてゐましたが、それだけに父君の太祖とは意見の合はないことが多く、親子のあいだがらでありながら、太祖はこの三代目の王を、心から

憎んでをりました。

太祖の一番可愛がつてゐた末の王子の芳碩《はうせき》は、王子たちの爭ひにまき込まれて命を失ひました。お氣に入りの鄭道傳《ていだうてん》や、そのほか多くの家來たちまで太宗の手にかかつて殺されました。李太祖は、はげしい怒りに燃えながら、ある晩都を立つて、北の方の咸興《かんこう》に向はれました。そして咸興の別宮にとどまつたまま、いつまでも都へは、おもどりになりませんでした。

太宗王は、なんとかして父太祖の怒りをやはらげ、もう一度都へお迎へせねばならないと考へました。それで、はるばる咸興の別宮へ、御機嫌うかがひの使者《ししや》（問安使《もんあんし》）を立てました。

都から咸興までは十日近くの道のりです。使者は旅を重ねて、太祖の別宮におうかがひしました。そして「どうぞ都へおもどり下さいますやうに」とお願ひしました。

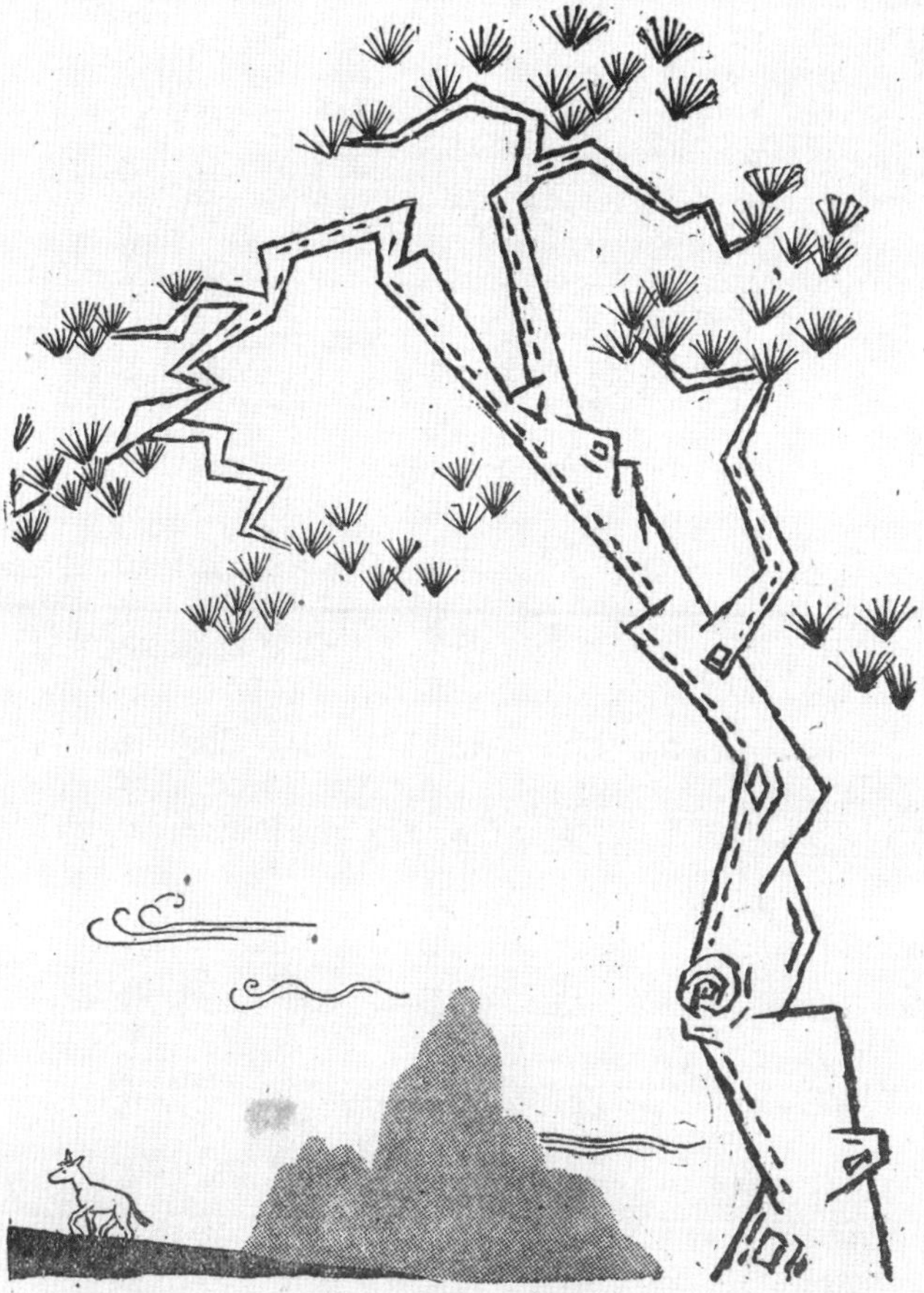

太祖の怒りは、そんなことでは解けませんでした。何もおつしやらずに、太祖は、その場で、使者の首を斬つてしまはれました。

二度目の使者が、また立ちました。二度目の使者も、やはり同じ目にあひました。

三度目の使者が送られました。こんども使者は、生きてはかへれませんでした。

四度目の使者も斬られました。五度、六度、七度と、つづいて送られ

る使者が、誰もかれも斬られて、一人とし無事にかへれた者はありません。

今でも朝鮮で、行ったきり歸らない鉄砲玉の使ひのことを、「咸興の使者」といふのは、ここからはじまつたことわざです。

さて、なんべんくりかへしても同じことです。太宗王の命令で咸興へ立たされる使者は、生きて歸れないことを覺悟せねばなりません。親兄弟と別れのさかづきを汲んで、泣く泣く都を立ちましたが、行き着いたが最後、申し合はせたやうに、みな首をはねられてしまふのです。

太宗王の御家來たちは、いつ自分に番がまはるかと、びくびくしてをりました。

御家來の中に朴淳《ぼくじゆん》といふ人がゐましたが、十何人目かの使者が擇ばれるとき、朴淳は、自分から進んで、そのお役目を願ひ出ました。

「どうぞこのたびは、小臣をおつかはし下さいますやう願ひ奉ります。」

太宗王は、ふしんな面《かほ》もちで、朴淳にたづねました。

「いままで咸興へ使者に立つた者は、一人として生きて歸ることは出來なかつた。その方はどういふわけで、自分から死地に入らうといふのだ。なにか、よい考へでもあるのか。」

「はい、別によい考へもございませんが、まごころをつくして、いま一度、お願ひしてみるばかりでございます。」

「さうか。では行くがよい。」

太宗王から、おゆるしが出て、朴淳は咸興へ旅立ちました。

十日の旅をつづけて、いよいよ咸興へ着きましたが、朴淳は乘つて來た馬を棄てて、その代り、仔を生んだばかりのめす馬を手に入れました。まだ乳から離れない仔馬は、親馬のあとをしたつて、どこまでもついて來ました。

朴淳は親子の馬をつれて別宮の前まで來ると、仔馬を木につないで、親馬

だけ門のところへ曳《ひ》いてゆきました。

親馬は、仔馬のことがしんぱいでなりません。それで、あとをふりかへりながら、しきりに鳴き立てました。やがて太祖の前に出ると、太祖は、いぶかしげに朴淳にたづねられました。

「あの馬はどうしたのぢや。なぜあのやうに鳴いてゐるのぢや。」

「はい――。」朴淳は、さりげないやうすで申し上げました。

「仔づれの馬に乘つてまゐりましたが、仔馬が手足まとひになりますので、引離してつなぎました。親子の情《なさけ》は人間に變らぬものと見えまして、あのやうに親馬は、仔を案じて鳴いてゐるのでございます。」

その一言を聞かれて、太祖はすぐに朴淳の心をお見ぬきになりました。何もおつしやらずに、しばらくは、だまつてゐられました。

朴淳も手をついたまま、ひれ伏してゐましたが、そのうちに、この使者の

目からは、熱い涙がハラハラと流れ落ちました。その涙が太祖のかたくななお心を動かしました。

「もうよい、なにもいふな。その方と一しよに、都へもどらう。」

さうおしやつて、御家來を呼ぶと、還御《くわんぎよ》の仕度をいひつけられました。

太祖のお目にも、涙がうるんで見えました。

寝間 ――傳承童謠 七

かかつてる　かかつてる　父さんの寝間に
毛皮の　背《せな》あて　かかつてる。
かかつてる　かかつてる　母さんの寝間に
錦《にしき》のチマが　かかつてる。
積んでる　積んでる　兄さんの寝間に
書物《しよもつ》が　五束《いつたば》　積んである。
垂《た》れてる　垂れてる　姉さんの寝間に
かもじが　五すじ　垂れてゐる。〔全南〕

▽チマは女の人が上衣《チヨグリ》の下に着るひだのあるきもの。

お母さんの切つた餅

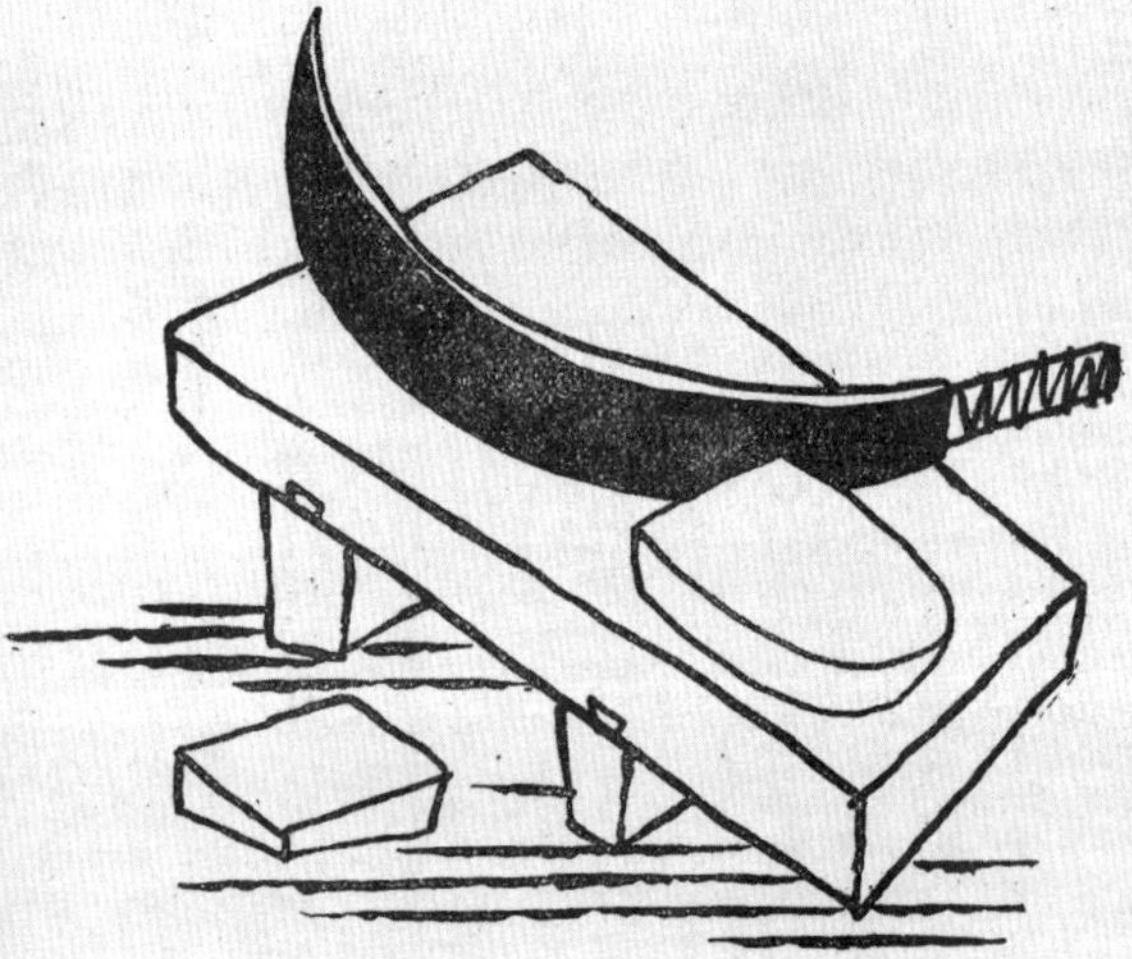

韓石峰《かんせきほう》は、小さいときから、字を書くのが上手でした。

寺小屋で學問をしてゐる友達の中には、もう一人も石峰にかなふものがありません。そのうちに、お師匠さんの字とくらべても、見劣りがしないほど上達しました。

「なんて上手な字だらう。どう見ても、十二歳の子供の字とは思へない。」

みんなは、さういつて感心しました。

石峰も得意でした。

（自分はもう、これだけ字が上手に書けるのだから、これからは字のおけいこなんか、しなくてもよい。）

さう思ふと、寺小屋へ毎日通ふのが、ばからしくなりました。怠けるのは

字のおけいこばかりではありません。ほかの學問にも、しぜん力を入れないやうになりました。

「石峰や、どうして勉強を怠けるのですね。」

寺小屋へも行かないで、遊んでばかりゐる石峰を見て、お母さんがしんぱいしました。すると石峰は、

「大丈夫ですよ、お母さん。もう寺小屋へ行つても、習ふことなんか、ないもの。」

さういつて、相變らず怠けてばかりゐました。

石峰の家は貧乏でした。お母さんは切餅を賣つて、親子二人の暮しを立ててゐました。

お母さんは、ある晩、石峰をそばに呼んで申しました。

「ね、石峰や。お前は學問もよく出來るし、とりわけ字が上手だと、みなさ

んがほめてくださる。お母さんも、どんなにうれしいか知れないよ。だけれど、ほんたうに上手かどうか、お母さんと一つ、力くらべをしてみませう。」

「力くらべつて、お母さんは字が書けないのに、どうしてくらべるの。」

「いえ、字ではありません。お母さんは字が書けないかはりに、お餅を切るのが上手です。目をつむつてでも、ちやんと切れますよ。いまお母さんが灯《あか》りを消しますから、眞つ暗い中で、お前は字を書いてごらん。お母さんも一

しよに、暗いところで餅を切つてみます。いいですね。」

お母さんがさう申しますと、石峰は、

「ええ。」

と、へんじをして、紙や、硯《すずり》を取り出しました。お母さんも、長くのばしたお餅を、まな板にのせて、お部屋へ運びました。

そして、灯りを消しました。

眞つ暗い闇の中で、石峰は字を書きました。お母さんもコトン、コトンと、はうちやうの音をさせながら、お餅を切りました。

「お母さん、もう書けました。」

しばらくたつてから、石峰がさういひました。お母さんも、はうちやうの手を休めました。そして灯りをつけました。

ところがどうでせう。石峰の書いた字は、いびつになつたり曲つたりして、

ちやんとした字になつてゐるのは、幾つもありません。自分では、眞つすぐに書けたつもりでしたが、暗闇《くらやみ》の中で書いた字は、まるで、べつな方へ筆が外《そ》れてゐるのです。

それにひきかへて、お母さんの餅は、明るいところで切つたのと少しもかはらない、まつすぐな形に切れてゐました。大きさも、みな同じです。

「石峰や、もう何もいはなくても、わかりましたね。自分ではこの上ない上手のつもりでゐても、いざとなると、この通りです。見えないところで餅を眞つすぐに切るだけでも、長い間の修業《しゆげふ》が要ります。まして五年や八年の勉強で、偉くなれたと思つては、大變なまちがひですよ。」

お母さんの、このお諭《さと》しに、石峰は、いままでの自分の考へちがひが、恥かしくなりました。

それからは、生れ代つたやうに、一生けんめい、勉強をつゞけました。そ

して、あとでは、文章に、字に、その時代では並ぶ者がないといはれるほどの、りつぱな學者になりました。

小間物屋　――傳承童謠　八

小間物屋さん　小間物屋さん
肩に負うたは　何々ぢや
小《こ》童《わらべ》たちの　腰結び
娘子《むすめご》たちの　髪かざり
年より衆の　たばこ入れ
旦那がたの　扇《おうぎ》ひも。〔忠南〕

友だち ——傳承童謠 九

友だち 友だち 一千友だち
お前の家《うち》は どこいらだ
なつめ千本 並んだ あとの
草ぶき藁家《わらや》が おらんちだ。〔慶北〕

•

友だち 友だち 種とり友だち
麥の出るまで 種取り友だち。〔慶南〕

•

一千友だち 一萬友だち
髮の毛に からんだ友だち。〔京畿〕

▽遊び暮して友だちと散るとき、肩を組み合せて唱へる。

佛の兄

太宗王（李朝第三代）には、譲寧《じやうねい》、孝寧《かうねい》、忠寧《ちゆうねい》の三人の王子がありました。ところが太宗王は、一番末の忠寧を愛されて、王の位をこの忠寧に繼がせました。李朝の王樣の中でも、一番多くのお手柄を殘された世宗《せそう》王がこの方です。

さて、弟に位をゆづつた譲寧君《くん》は、生れつき物ごとにこだはらない、氣性の大まかな方でした。詩や文章にも、すぐれた才があつて、世間の人たちは支那の大詩人の李白にさへくらべたほどでした。

二番目の孝寧君は、信心深い方で、ひまさへ出來ると、お寺へ詣つて、佛樣の供養《くやう》に心をつくすのが何よりの樂しみでした。あるとき、孝寧君は佛會《ぶつゑ》を開いて大ぜいの客をまねきました。その中には、兄君の譲寧君もまじつて

ゐました。ところが讓寧君は、酒や肉をたくさん持ちこんで來て、弟の孝寧君が、しきりに佛樣を拜んでゐるそばで、平氣で呑んだり、食べたりしました。

孝寧君は、にがい顏をして、

「けふだけは、酒や肉はお止めになつて下さい。」

と、たしなめました。すると、讓寧君は、カラカラと笑ひながら、

「なにをいふのだ。この世の中で、わしほどのしあはせ者はない。生きては王の兄となり、死んでは佛の兄となる。なにも粗末なものを食べて、身を苦しめることはないではないか。」

と、申しました。さすがの孝寧君も、これには答へる言葉もありません。その場に居あはせた人たちも、腹をかかへて大笑ひをしました。

京城の南大門に今でもかかつてゐる「崇禮門《すうれいもん》」の額《がく》は、この讓寧君の書かれた文字です。

玉を磨く

ものごとのけぢめが、はつきりつかないとき、朝鮮では、よく「黄喜《くわうき》大臣のやうだ。」と申します。

黄喜公は名高い宰相の一人で、李朝では第一番に數へるよい大臣でした。大事《だいじ》に臨んでは、よし惡しを立ちどころに決めて、はつきり裁《さば》きをつけましたが、小さな事になると、まるで、氣にもとめないといふふうでした。

あるとき邸の女中同士が、喧嘩をはじめました。そのあげく、一人の女中が黄公の前に來て、長々と、事のいきさつを訴へました。

公は聞き終つてから、

「お前のいふのは、もつともだ。」

と、うなづきました。

入れちがひに、もう一人の方が入つて來て、これまた自分の正しいわけをくどくどと訴へました。黃公は、こんども聞き終つてから、

「お前のいふのも、もつともだ。」

と、さつきと同じやうなことをいひました。

そばで聞いてゐた奧方は、おかしさをこらへながら、

「殿さまのわからないにもほどがあります。ものごとには、よし惡しの見さかいがありますものを、どちらも、もつともでは、裁きがつかないではありませんか。」

と申しました。すると公は、いかにもと、うなづきながら、

「そなたのいふのも、もつともだ。」

と、すましてゐました。

小さな事で、たがひに爭つたり、意地を張つたりすることはない。氣を大

きくもつて、ゆるし合つていけば、なんでもなくすむのだと
いふことを敎へたのです。

☆

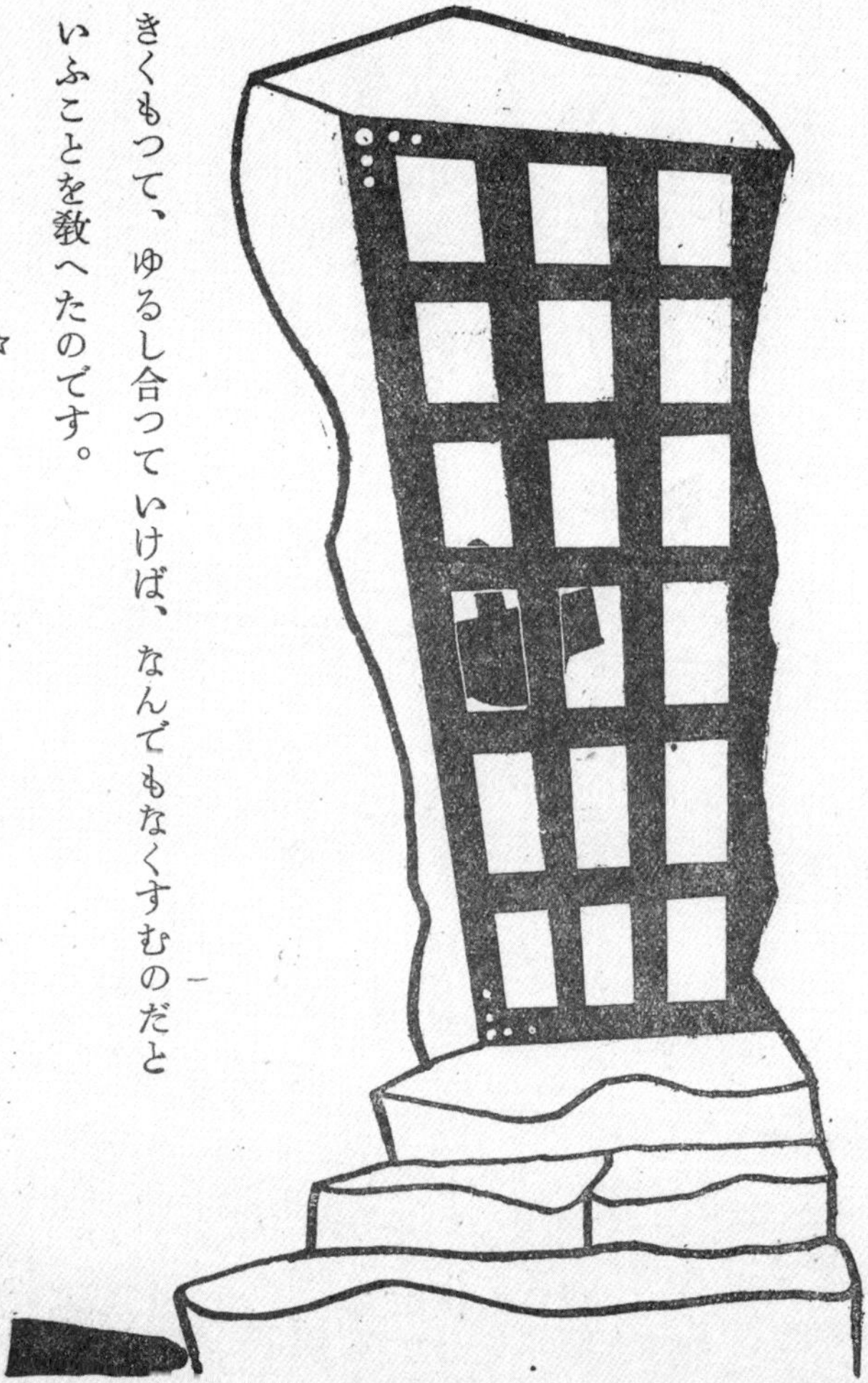

黄公の下で、兵曹判書《へいそうはんしよ》（六大臣の一人で、今の陸軍大臣）を勤めてゐる人に、金宗瑞《きんそうずゐ》といふ人がありました。この金宗瑞も、學者として、政治家として、名高い人物ですが、黄公はなぜか、この宗瑞には、人一倍きびしくあたり、ちよつとした過ちでも、ゆるすといふことがありませんでした。

身分のある人を、むやみに罰することはできません。それで、宗瑞に何かしくじりがあると、黄公は宗瑞の家來を捕へては、笞《むち》を加へたり、牢へ入れたりしました。これには當《たう》の宗瑞も困りましたが、そばで見てゐる人たちも、氣が氣ではありませんでした。

あるとき孟思《もうし》誠《せい》が、それとなくたづねました。

「宗瑞は、一代の名臣といはれる偉い人物です。それだのに、どうして老公は、そんなにつらくあたるのですか。」

すると、黄喜公は申しました。

「どんなによい玉でも、磨かねば光は出ない。宗瑞はりつぱな人物ではあるが、氣が強くて、せつかちだ。あのままでは、いまに、この自分のやうな重い責任をせおつたとき、きつと、しくじりをしでかすだらう。だから自分は、できるだけ氣をつけて、ものごとを輕はづみにせず、どんなにつらいことにも耐《た》えしのぶ力を、つけてやらうと思ふのだ。」

孟思誠は、なるほどと感じ、いまさらのやうに、黄喜公の深い思ひやりに心を打たれました。あとで黄喜公は、宰相の位を退《ひ》くとき、王様にお願ひして、宗瑞を、自分のあとがまにすゑました。

眞珠

文章で名高い尹《いん》淮《わい》が、まだ若いじぶんのことです。

あるとき、旅に出て、とある宿場《しゆくば》にたどり着きましたが、宿屋の主人は、尹淮の粗末な身なりを見て、「あひにく部屋がありません。」と、つつけんどんにことはりました。

もう日が暮れて、ほかには宿屋もありません。尹淮も、これには困りましたが、

「それでは、庭先でもよいから、ひと晩だけ貸してもらひたい。」

と、たのみました。

それもいけないとは、さすがにいへません。宿屋の主人は、しぶしぶしようちして、

「では、お好きなやうになさい。」

と、いつて、奥へ入つてしまひました。

庭先のござに坐つて、尹淮は月をながめてをりました。そこへ宿屋の娘でせう、三つぐらゐの女の子が一人、手に眞珠の玉を持つて、よちよちと出て來ました。

女の子は、尹淮のそばまで來て、持つてゐた眞珠を落しました。すると、庭でゑさをさがしてゐたがてうが、食べものとまちがへて、その眞珠を呑みこんでしまひました。

女の子の泣きごゑを聞いて、宿屋の主人は庭へ出て來ました。

「お前さん、さては、誰も見てないと思つて、眞珠を取上げたのだな。訴へられないうちに、すなほに出したらどうだ。」

尹淮は、だまつてゐました。すると主人は、

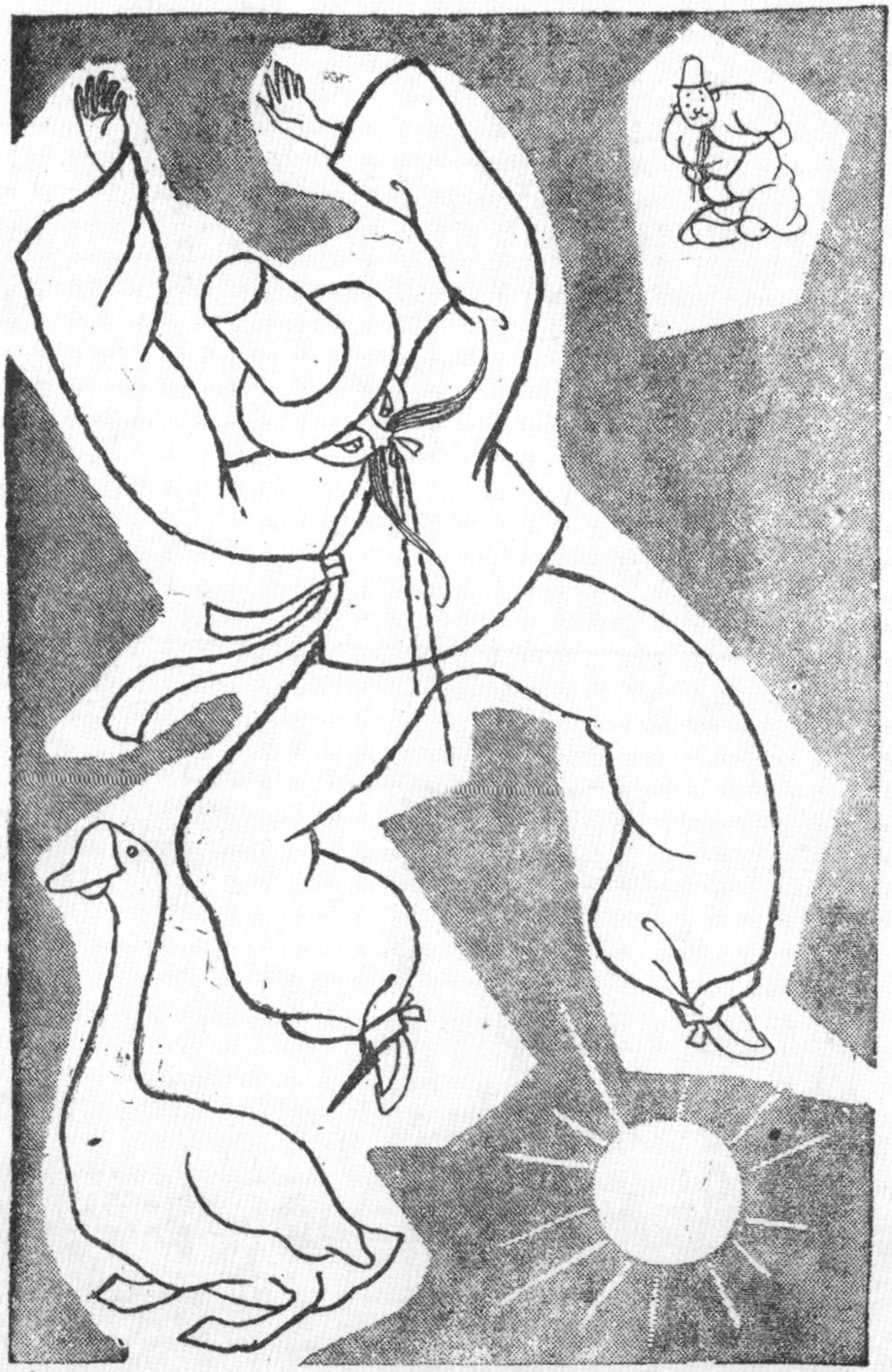

「づうづうしいやつだ。夜が明けたら、役所へつき出してやる。」

さういひながら、長いつなで、ぐるぐると、尹淮をしばり上げてしまひました。

しばられても、尹淮はニコニコしながら、だまつてをりました。そして主人に、かういひました。

「ついでに、そのがてうも一しよにつないで、私のそばへ置いて下さい。」

おかしな註文だと思ひましたが、大して骨の折れることでもありません。主人は、いはれた通り、がてうの脚をひもでくつて、尹淮のそばにつなぎました。

夜が明けました。主人が役人を呼ばうとすると、尹淮は、

「ま、その前に、がてうの糞《ふん》を一つ、しらべてみて下さい。」

と、申しました。

主人が、がてうのそばへ行つてみたら、なるほど、糞の中に、なくした眞珠がありました。糞と一しよに出て來たのです。主人は驚いて、尹淮のなはを解き、平ぐものやうになつて、あやまりました。そして、なぜ、ゆうべのうちに、それをいはなかつたかと、たづねました。

「いや、ゆうべそれを話したら、きつとあんたは、がてうの腹を割いたにちがひない。少しの間だけ、自分が苦しい思ひをすれば、がてうが助かると思つたから、それで、だまつてゐたのです。」

尹淮は、さう答へました。

お墓の木

學問や武勇で名をのこした人なら、たくさんありますが、强情《がうじやう》のおかげで有名になつたのは、平壤の黃固執《こうこしう》くらゐのものです。

黃固執は、生れつき天下無類の意地つぱりでした。「順承《じゆんしよう》」といふほんたうの名があつても、誰も名をいふものはありません。强情な人のことを「固執」といふところから、たうとうこれが通り名になつてしまひました。五百年も昔の人ですが、今でも朝鮮では、意地つぱりのことを「まるで黃固執のやうだ」といつてゐます。

司導署《しだうしよ》の直長《ちよくちやう》といふ役目についてゐましたが、世間の蔭口など一向平氣で、自分から「執菴《しうあん》」と名乘つて、すましてゐました。あるとき用事で、はるばる京城へやつて來ましたが、折も折、京城に住んでゐた親しい友達が、急病

で亡くなりました。普通なら、さつそくにもお悔《く》みにゆくところですが、黄固執は、ほかの人たちが誘つても、一しよに出かけようとはしません。

「自分が都へ上つたのは、用事のためで、友達のお悔みに來たのではない。だいいち、用事で來たついでに、お悔みをのべては、亡くなつた人に對して申しわけないではないか。」

さういつて、さつさと自分の用事をかたづけると、どこへも立寄らずに、郷里へ歸つてしまひました。

京城から平壤までは、驢馬《ろば》に乘つても四日や五日はかかる道のりです。一たん平壤まで歸ると、こんどは友達のお悔みだといつて、改めてまた京城へ出直して來ました。することなすことが、みなこんな調子でしたから、世間の人があきれたのも無理ではありません。

黄固執の、家の近くにある橋が、大水で流されたことがありました。新し

い橋をかけかへるにも、手ごろなよい木が見あたりません。
それで、村の人たちは、お墓の前にある松の木を伐《き》つて、新しく橋をかけました。
すると黄固執は「人さまの墓

所の木を足で踏んでは罰があたる」といつて、わざわざ遠まはりをしても、この橋だけは決して渡りませんでした。どうしても近道をしなくてはならないやうな急ぎの用事のときは、すそまくりをして、じやぶじやぶ川の中を渡りました。

ある月のない晩、追ひはぎが二人、この橋の下にかくれてゐましたが、そこへ人の足音が近づいたので、今にも飛び出さうと待ちかまへてゐました。すると、その人は、橋を通らずに、川の中を歩いて渡りました。追はぎも、黄固執のうはさは知つてゐましたから、

「相手がわるい、あのおやぢにかかつては、歯が立たないや」といつて、そのまま、遁げてしまひました。

黄固執の奇抜な逸話は、数へきれないほどですが、どれもこれも、人の道をまつすぐに通すための意地つぱりでしたから、そのために他人が迷惑をしたといふやうな話は一つもありません。一度いひ出したことは、槍《やり》が降つても仕遂げるかはりに、義理人情にも厚い人で、部下に罪のある者がゐても年とつた親があると聞くと、たいていの過ちはゆるしてやるといふふうでした。それをよいことにして、親のゐない者までが、よく嘘をついては、罪をのがれてゐたといふことが「松岳集《しようがくしふ》」といふ古い本に出てゐます。

孟《もう》公《こう》の雨やどり

李朝の大臣の中で、賢相《けんさう》といはれるほどの人は澤山ありましたが、その中でも、孟思誠《もうしせい》は、賢相の名にそむかない偉い大臣でした。

孟思誠は、日ごろから、身なりの質素な人でしたが、あるとき、用事で、郷里の溫陽《おんやう》(忠淸道)へ歸ることになりました。

溫陽では、孟公さまのお歸りだといふので、郡守はじめ、役人一同が總出で待ち設けてをりました。そこへ、牛の背《せ》に乘つた、よぼよぼの老人が通りかかつたので、役人は目を怒《いか》らしながら、

「孟公さまのお通りだといふのに、なにをまごまごしてゐる。さつさと、どかぬか。」

と、叱りつけました。

老人はそれを聞くと、いひました。

「わしは、溫陽の孟古佛《まうこぶつ》だ。自分の牛に自分が乘つて行くのに、何も遠慮はいるまい。」

古佛といふのは孟公の號《がう》です。さあ大變、それを聞いて役人たちは、靑くなつて逃げ出しましたが、あまりあはてたので、郡守は、命から二番目の印《いん》符《ぷ》を、道のそばの池に落してしまひました。土地の人たちは、あとでこの池を「印の淵《ふち》」と呼びました。

☆

もう一つ孟公の話です。

孟公が鄕里から歸る途中、龍仁《りゆうじん》といふところへさしかかりますと、にはかに雨が降り出したので、とある田舍宿で雨やどりをすることになりました。

その宿屋には、身なりのりつぱな若い書生さんが一人、上等の部屋に陣どつ

て、ゐばつてゐました。

孟公は、見るからに貧しさうななりをしてゐましたから、これが、今をときめく大宰相とは氣のつくはずがありません。書生さんは孟公を見ると、

「どうだい、爺さん、少しは學問をしたかね。」

と、おうへいな口をききました。

孟公は、書生の無禮など氣にもとめません。

「したとも、これで詩などは、うまいものだよ。」

孟公がさういふと、書生さんは、いい退屈しのぎが出來たとばかり、さつそく孟公を自分の部屋へ呼び上げて、詩を一つつくらせました。そこで孟公が短い詩を書いて出すと、

「なかなかうまい。爺さんもすみに置けないな。」

と、いひながら、こんどは自分が詩をつくつて見せました。かうして、代

りばんこに、一首づつ詩のやりとりをしてゐる間に、雨も、どうやら上つたので、孟公は宿を立つことになりました。

孟公が、書生さんに聞きました。

「あんたは都へ上るさうぢやが、なに用事で行くのかね。」

「役に就くためさ。」

「どんな役だね。」

「錄事《ろくじ》だよ。」

錄事といふのは、朝廷《ちようてい》の記錄係のことです。孟公は、詩のやりとりで、この書生が少しは學問も積んでゐるのを知つてゐましたから、

「錄事なら、わしが採用してやらう。」

と、いひました。すると書生さんは、カンカンになつて怒りました。

「失敬なことをいふな。お前さんに採用してもらふくらゐなら、わざわざ都

まで上りはせん。」

それから何日かあとです。書生さんは、お役に就くために、政廳へ出ました。一段高いところに坐つてゐた孟公は、書生さんの姿を見て、

「やあ、あんたか。この間はどうしたね。」

と、言葉をかけました。書生さんは、それが、いつぞやの田舍爺さんだとわかると、もう口もきけません。穴があらば入りたいとばかりに、頭をかかへてうろうろしました。

「どうしましたね。」と、大臣の一人が聞きました。

孟公は雨やどりの話をして、

「あのときは、えらく叱られたよ。」

といつたので、居あはせた人たちは、大笑ひをしました。

孟公は、その書生さんを、錄事に採用してやりました。

鎌《かま》 ——傳承童謡 一〇

通り歩いて　鎌一丁ひろた
ひろた鎌なら　ひとにはやらぬ
草でも苅らう、
苅つた秣《まぐさ》　ひとにはやらぬ
馬でも肥やそ、
肥した馬なら　ひとにはやらぬ
娘を乘せよ、
乘せた娘　ひとにはやらぬ
お嫁にきめよ。〔慶北〕

寄《き》進《しん》した田畑

ある物持のお百姓さんが、亡くなるとき、たくさんの田畑をお寺へ寄進《きしん》しました。ところが、その子の代になると、だんだん財産が減つて、しまひには村一番の貧乏人になつてしまひました。

そこで、お百姓さんの子は、寺へかけ合つて、「寄進した田畑を半分でもよいから、かへしてください。」とたのみました

「一たん佛様にさし上げたものを、また取りかへすといふ法はない。せつかくだが、それはだめです。」

お寺では、さういつて聞き入れません。

「半分の半分でもけつこうです。なにしろ、三度の食事も満足にできないありさまですから、なんとかしてくださらねば困ります。一たん寄進したもの

を、またあてにしてはいけないけれど、慈悲ぶかい佛様は、きつとゆるしてくださると思ひます。」

さういつて、なんどもたのみましたが、お寺では、よいへんじをしてくれません。

お百姓さんの子も、しまひには腹を立てて、お役所に訴へて出ました。役人が仲へ立ちましたが、やつぱりだめです。とうとう、郡守から監司《かんし》の手に渡り、監司から王様へ申上げて、お裁きを願ふことになりましたその頃の王様を、成宗《せいそう》王（李朝第九代）と申上げました。成宗王は、訴へ出たお百姓さんの子が、ひどい貧乏をしてゐるとお聞きになつて、（かわいさうだ。なんとかして救つてやらねばならない）と、お考へになりました。そこで、訴へ出たお百姓さんの子と、訴へられたお寺の者を、一しよにお呼び出しになりました。

「その方は、よい親を持ちながら、どういふわけで貧乏になつたのぢや。親の亡くなつたあと、仕事にもせいを出さず、きまま勝手に遊び暮したからであらう。どうぢや。」

王様は、さいしよに、お百姓さんの子に、かう申されました。

お百姓さんの子は涙をうかべて申し上げました。

「お言葉を返へしましては恐れ入りますが、決して遊び暮したわけではございません。いろいろと思はぬ災難に見舞はれて、

働いても働いても、追ひつかぬ仕末でございます。」

王様は「さうか」と、おうなづき　なつて、こんどはお寺の者に仰せられました。

「聞けば氣の毒な事情である。一たん寄進したものではあるが、どうぢや、幾らかでも畑を返してやる氣はないか。」

王様が、かう仰せられると、

お寺の者は、いかにも不服げに申し上げました。

「たとへ、どのやうな事情がありましても、一度佛にさし出したものを、取り返へしたといふ話は聞いたことがございません。恐れながら、その儀ばかりはおゆるし願ひたうございます。」

王様は、しばらく何もおつしやらずに、だまつてゐられましたが、やがて嚴かに、お口を開かれました。

「田畑を佛に寄進したのは、子孫のしあはせを願へばこそである。その願ひが、かなへられたなら、子孫がこのやうに貧乏をするはずがない。よつて、しあはせは佛にかへし、田畑は子孫にかへすがよからう。」

王様ぢきぢきの、このお裁きには、返へす言葉もありません。さすがの寺も恐れ入つて、寄進した田畑は、殘らずお百姓さんの子にかへされました。

黄ろい牛と黒い牛

尚震《しようしん》は、今から四百八十年あまり昔、李朝の明宗《めいそう》王に仕へた總理大臣（領《りよう》議政《ぎせい》）です。

大臣になるほどの人ですから、學問もあり、智慧もすぐれてゐましたが、若いじぶんから、この尙公には、たゞ一つ、いけないくせがありました。それは人のよし惡しを、何でもその場で、いつてしまふことです。

「あんな偉い學者は、いまどき二人とゐるものぢやない。學問のことでは神樣みたいな人だよ。」

「ああ、あの男か、あれはだめだ。口先ばかりで、いざとなると何一つ出來はしない。あんなのは人間の屑《くづ》だね。」

ほめるにも、けなすにも、まづ、こんなあんばいです。ほめられた人は、

とにかくとして、けなされた人は　よい氣持がしません。「あのくせさへなければ」と、倘公を知つてゐる人は、誰でも心の中で惜しがつてゐました。

あるとき倘公は、田舍道を通りがかつて、お百姓さんが田を耕してゐるのに出あひました。お百姓さんは二頭の牛にすきを曳《ひ》かせてゐました。一頭は黃ろい牛、もう一頭の方は黑い牛です。

どちらも、見るからに強さうな、大きな牛でした。しばらく立ちどまつて見とれてゐた倘公は、なにげなしに、お百姓さんに聞きました。

「黃ろい牛と、黑い牛と、どつちの方がよい牛かね。」

倘公から、かう聞かれると、お百姓さんは、困つたやうな顏をしましたが、相手が身分のある偉い人だとわかると、すきを田の中に置いて、わざわざ倘公の立つてゐる方へやつて來ました。そして　倘公の耳のそばに口をよせると、小さなこゑで、

「黄ろい方ですよ。」

と、答へました。

何も、それだけのことをいふのに、わざわざ田の中から出て來ることはないのです。尙公は、ふしぎに思つてたづねました。

「なぜ、それを耳のそばでいふのだね。」

すると、お百姓さんが申しました。

「はい、一方をほめれば、一方をけなしたことになります。それでは、たとへ牛でも、よい氣持はしますまい。だから、牛にはないしよで、こつそり申し上げる

のです。」

それを聞いて、尙公はおどろきました。

「世の中には、牛にさへ氣がねをする人がある。それに引きかへて自分は何といふわがままな男だらう。」

尙公は、冷汗《ひやあせ》の流れる思ひで、お百姓さんのそばを、はなれました。そして、それからといふものは、決して人のよし悪しに、輕々しく口を出すやうなことは、しませんでした。

へびとかへる

豐臣秀吉の朝鮮役は、李朝十四代宣祖王《せんそ》のときでした。この國難に當つて王樣を守護しながら、最後まで忠義をはげんだのは、大臣の李恒福《りこうふく》です。

李恒福は小さいじぶんから、手のつけられないわんぱくでした。近所の子供たちが、毎日二人や三人は、きつと泣かされるといふしまつで、これには、お父さん、お母さんも、困つてをりました。

ある日のことです。恒福のお父さんが、書齋で午寢をしてをりましたが、何かヒヤリとした冷たいものが體にさはつたので、びつくりして目をさましました。見ると、それは大きな毒蛇です。

毒蛇は、赤い舌をぺろぺろさせながら、お腹《なか》の上にとぐろを巻いてゐます。ちよつとでも動いたら、嚙《か》みつかれるにちがひありません。

（これは大變だ。どうしたらよいだらう。）

恒福のお父さんは、身動きも出來ずに、ぢつとしてゐました。そのとき、恒福が書齋へ入りかけましたが、お父さんのお腹の上にゐる毒蛇を見ると、そつと、戸をしめて、また出て行きました。

（あのわんぱくが、毒蛇を見たのだから、きつと棒きれか、石ころを持つて來て、毒蛇を殺さうとするにちがひない。そんなもので、たたかれたら毒蛇よりも先に、自分が大けがをする。どつちにしても、これはただではすまない。）

お父さんが、そんなことを考へてしんぱいしてゐると、間もなく恒福は、ふところに何か一ぱい入れて、また、そつと書齋へ入つて來ました。

（やつぱり、石ころだ。）

さう思ひましたが、ものをいへば、お腹が動きます。動けば毒蛇がびつく

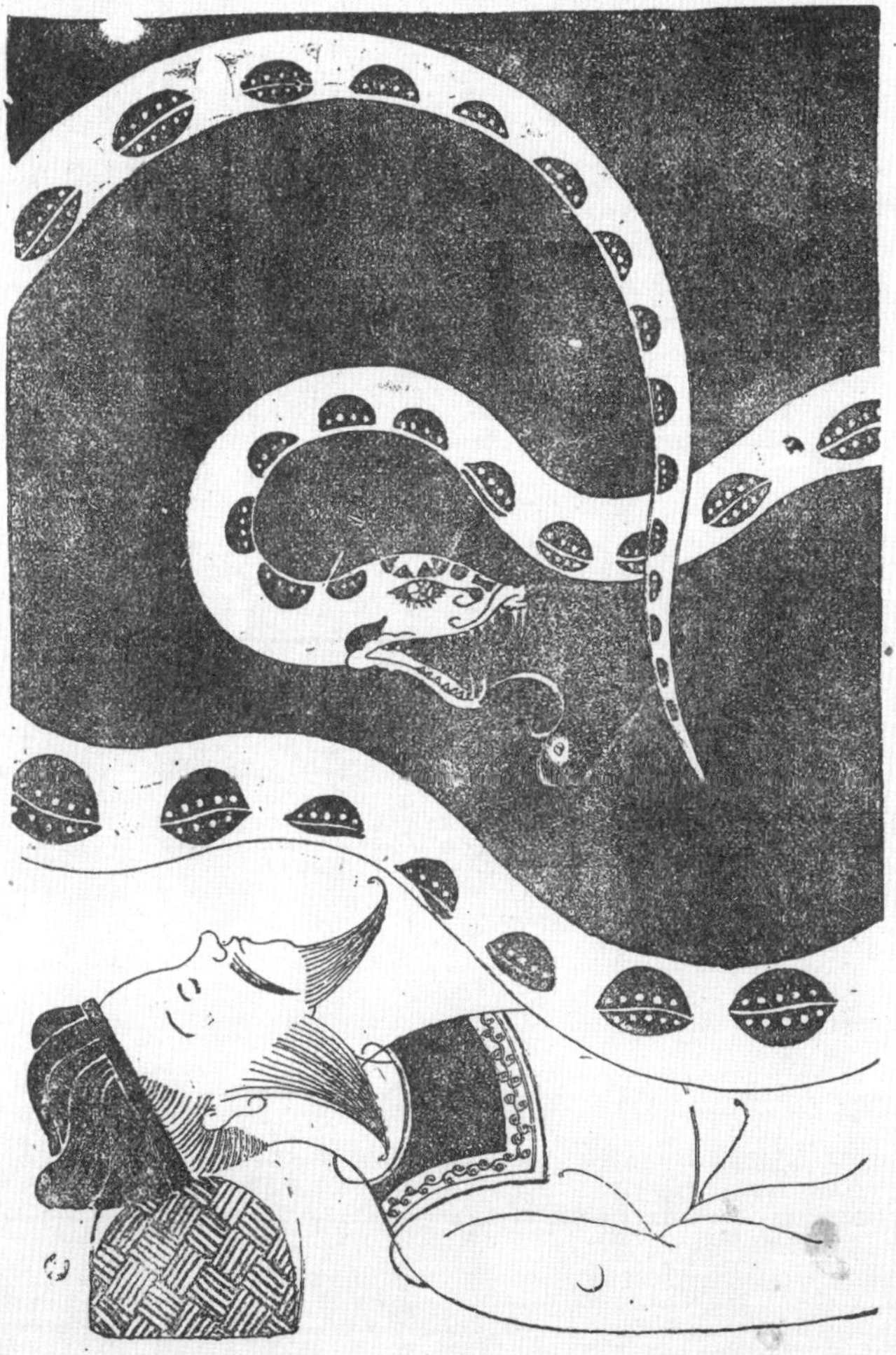

りして、何をするかわかりません。お父さんはハラハラしながらも　目をつむつて、ただ、ぢつとしてゐるより仕方がありませんでした。

すると、ふしぎ――、毒蛇がスルスルと、お腹の上から下りて行きました。お父さんが、こわごわ目をあけて見たら、部屋ぢゆう一ぱい、か、へ、るがとんでゐました。

石ころと思つたのは、かへるでした。毒蛇は、かへるを見て、下りていつたのです。

（この子は、いまに、きつと偉くなる。）

ひとりごとをいつて、お父さんが感心したのも無理ではありません。まだ恒福は、その時やつと、七つになつたばかりでした。

昔ばなし ——傳承童謡 一一

昔・昔　ひと昔
木皿《きざら》が　まんだ　稚兒《ちこ》のころ
丼《どんぶり》さんの　若いころ
いたちが　知行食《ちぎやうに》んだころ
子供の　まんだ　大人ごろ
大人の　まんだ　子供ごろ
そのころ　一人が　あつたとさ——。〔慶南〕

はなし　はなし　水田のあぜみち
丘の向ふの　畑のわきみち
梨の木かげに　千丁
えんの下に　萬丁。

鐵のかんむり

昔ギリシヤの國には、樽《たる》の中で暮したディオケネスといふ哲學者がゐました。アレキサンダー大王が、はるばるディオケネスをたづねて、「なんでも望みをいへ、好きなやうにさせてやる。」といつたとき、日向《ひなた》ぼつこをしてゐたディオケネスが、「そんなら申しますが、王樣が立ちはだかつてゐるので、日《ひ》蔭《かげ》になりました。どうか、少しばかりわきへよつてください。」と答へたのは有名な話です。

朝鮮にもこのディオケネスのやうに、立派な學者でありながら、一生を乞食のまねで通した人があります。李之菡《りしかん》といつて、高麗の末、詩人で名高かつた李牧隱《りぼくゐん》先生の後孫にあたる人です。

朝鮮では、金剛山を知らない人はあつても、「土亭秘訣《どていひけつ》」といふ本の名を知

らない者はありません。お正月になると、たいてい、どこの家でも、一度はこの「土亭秘訣」を持ち出して、その年の運勢の吉凶《よしあし》をうらなつたものでした。李之菡はその「土亭秘訣」を著はした人です。

お父さんは判官《はうぐわん》として名のひびいた人、兄さんは省菴《せいあん》といつて、仁祖《じんそ》大王みづから「白衣宰相《びやくえさいしやう》」の名を賜はつたほどの大儒者です。従兄弟《いとこ》や甥《おい》の中からも名高い大臣や學者が、幾人となく出ました。

こんな結構な家柄に生れてゐながら、この人には、その「よい身分」が、あきたりませんでした。若いじぶんから學問に身を入れて、天文地理や兵書にくはしく、とりわけ醫學と陰陽術數《おんやうじゆつすう》では、かなふ者がないとさへいはれたくらゐでした。けれども學問を積めば積むほど、世の中の嘘やごまかしが目について、だんだん我慢がならなくなりました。

役人はわいろを取つて平氣な顔をしてゐるし、學者は學者で、少しばかり

の學問を鼻にかけては屁りくつを並べる——。身分がどうの、格式《かくしき》がどうのと、そんなことばかりいつて、家柄の低い者は、いつまでたつても出世が出來ない——。正直で心のまつすぐな者は後へ取りのこされて、世渡り上手のへつらひ屋が天下を我がもの顔にのさばる——。耳に聞くこと、目に入ることと、なに一つとして氣に入るものはありません。

こんな世の中に肩を並べるのは眞つ平だと、とうとう身一つで家を出て、漢江のほとりに、粘土でこね上げた高さ四五丈もある土の家を建てました。家といつても壁や障子があるわけではありません。煙突のやうな圓い筒《つつ》つぼうで、その上に平たい屋根を、やつぱり粘土で葺《ふ》いてあるだけです。晝間はその屋根の上で日向ぼつこをして、夜になると中へ入つて寢るのです。この土の家を「土亭」とよんだところから、とうとう村の名が土亭里になり、住んでゐる人の名まで「土亭先生」で通つてしまひました。

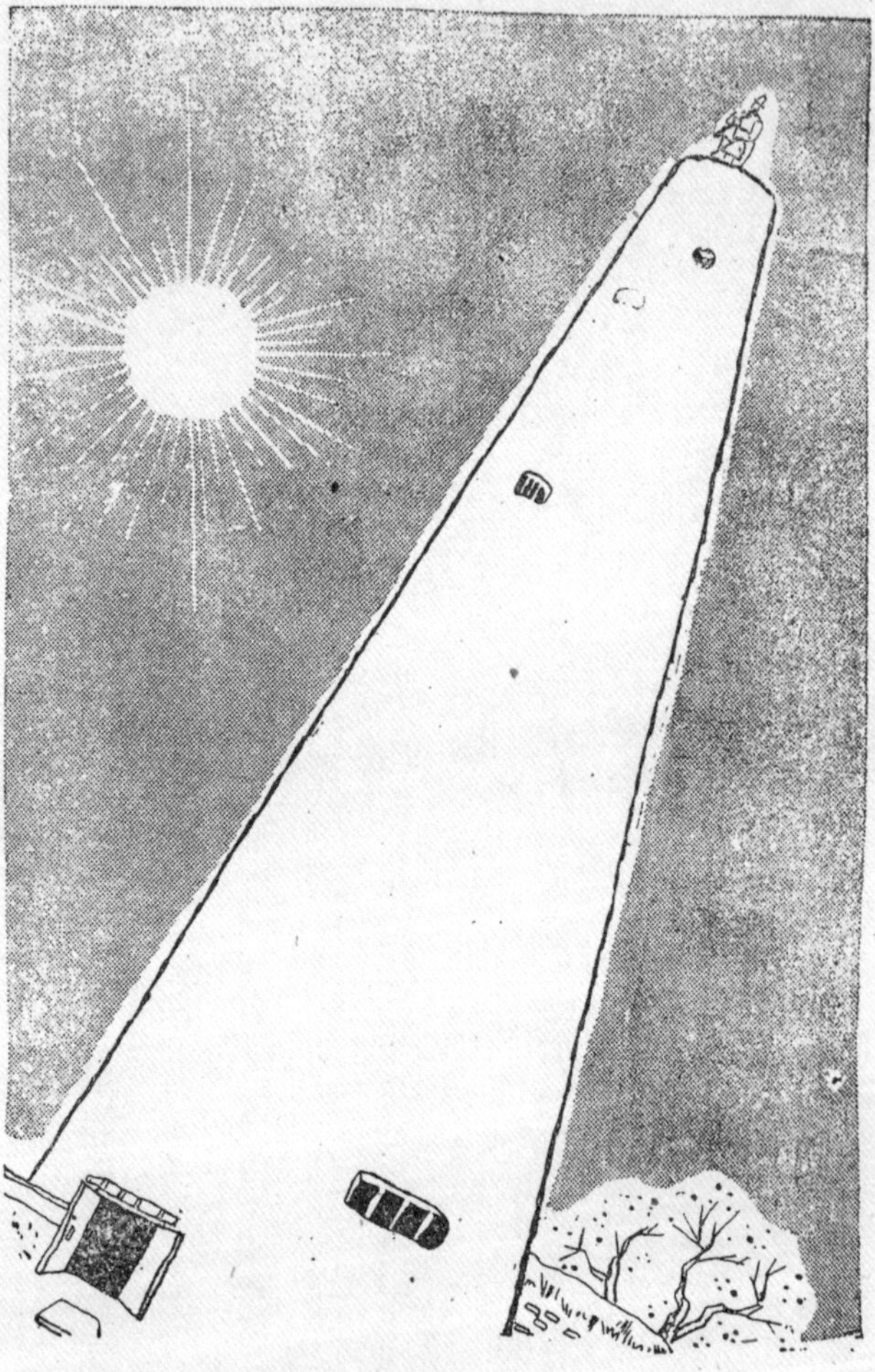

三度、三度、御飯を炊いてくれる人がゐるわけではありません。あれば食べる、なければ食べないといふ氣ままな暮しです。着てゐるものはぼろぼろで、どこから見ても、これが一かどの學者とは見えません。おまけに、そんな乞食のやうな身なりをして、氣が向けばふらりと、知合ひの大臣や學者をたづねて行きます。その上、氣に入らないこと、間違つたことがあると、遠慮ゑしやくなしに皮肉をいつてきめつけるので、學者先生や政治家たちも、土亭先生にあつては手も足も出ませんでした。

かうして何年かたつうちに、しまひにはその土の家まで面倒くさくなりました。そこで鐵のかんむりをかぶつて、朝鮮八道を氣の向くままに歩きまはりました。お米が手に入ると、かんむりを釜の代りにして、自分で御飯を炊きました。

「頭にかぶれば、かんむりになり、飯を炊けば釜になる。世間の物知りども

には、はばかりながら、この重寶さはわかるまい。」

土亭先生はそんなことをいつて、ひとりで得意がりました。

その頃は、陸に近いところで、人の一人も住んでゐない無人島がいくらもありました。先生は、忠淸道の海の中にある土地の肥えたよい島を見つけて、そこへ手あたり次第、大豆や粟を蒔きました。一度も種を下したことのない若い土地ですから、肥料もいらなければ、耕す手間もいりません。秋になると、ふさふさした粟の穗や大豆で、島ぢゆうが一ぱいになりました。土亭先生は、こんどは陸から、暮しに困る貧乏な人たちをどしどし連れて來て、好きなだけ勝手に刈り取らせました。そして、自分は一粒の粟にも手をつけませんでした。

あるときは、ひとりで小舟をあやつつて、はるばる濟州島《さいしゆうとう》まで漕《こ》いで渡つたこともありました。千石積みの親船でさへ危いといはれる荒海を、土亭先

生は、小舟のへりに一ぱい瓢《ふくべ》をくくりつけて、平氣で漕ぎ渡りました。濟州島へ上陸してからは、自分で實地に商ひをしながら、かたはら島の人たちにも商法の道を教へました。かうして三年あまりたつ間に何萬金

といふ利益をあげましたが、この金も一文残らず、貧乏な人たちに分けてしまひました。

　せつかく儲《もう》けた金を、ただで人にやるのですから、ものずきな人もあつたものです。けれども、土亭先生のものずきは、そ

れだけではありません。人間は一たい、寒さ暑さに、どのくらゐ我慢が出來るものか、呑まず食はずで、幾日しんばうが出來るか――、それを一々自分で試《ため》してみないでは氣のすまない人でした。そこで、眞夏の暑さざかりに綿入れを何枚も重ねて着たり、骨をつき刺すやうな寒い冬を單衣《ひとへ》一枚で過したりしました。さうかと思ふと、水一滴呑まずに半月も二十日も、飢《ひも》じいのをこらえてみたり、そんなことを繰りかへしてゐるうちに、人間の世界でほんたうに必要なものはなにか、なくてもすむものはなにかといふことを、はっきり見わけることが出來ました。

立派な家柄に生れ、はかり知れない高い學識を持ちながら、かうして土亭先生は、一生をわれとわが身を苦しめて終りました。土亭先生の風變りな行ひは、ちよつと見ると、いかにも世の中にすねた變屈者《へんくつもの》のやうに見えます。けれども先生は、自分だけの氣ままを通してよろこんでゐるやうな、ひとり

よがりではありませんでした。正しい者を愛する氣持、貧しい者をあはれむ氣持が、いつでも一ぱいでした。

あるとき、暮しに困った人たちを何百人も一つの家に集めて、手仕事をさせたことがありました。一番能《のう》のない者には藁《わら》をやつて、それでわらじをつくらせましたが、それでさへ食べたり着たりしてなほ殘るだけの收入《みいり》になりました。ところが、怠けぐせのついた貧乏人たちは、毎日仕事をさせられるのが辛《つら》いといつて、三月《みつき》もたたないうちに、だまつて遁げ出す者がつぎつぎと出て來ました。

それを見て土亭先生は、腹の底から悲しみました。

「見るべし、民生《みいせい》の惰《だ》によりて飢《う》ゆるを――。」

貧乏が病氣ではない。ほんたうの病氣は怠けることだ――。これがそのときの先生の言葉です。土亭先生が、ひねくれた、ただの皮肉屋でないこと

が、この一言《ひとこと》で知れるではありませんか。

怒りむし　——傳承童謠　一二

かんしやく起きた　火が起きた
かんしやく鍋《なべ》に　かぼちや煮て
まづまづ一ぱい　食べて見な
匙《さじ》も持たんぢや　食へまいが。〔平北〕

・

かぼちやが　ひらく
ひようたんが　ひらく
へゝ　へゝ。〔京畿〕

▽怒つた子を、はやし立てながら。

金銀の碁《ご》石《いし》

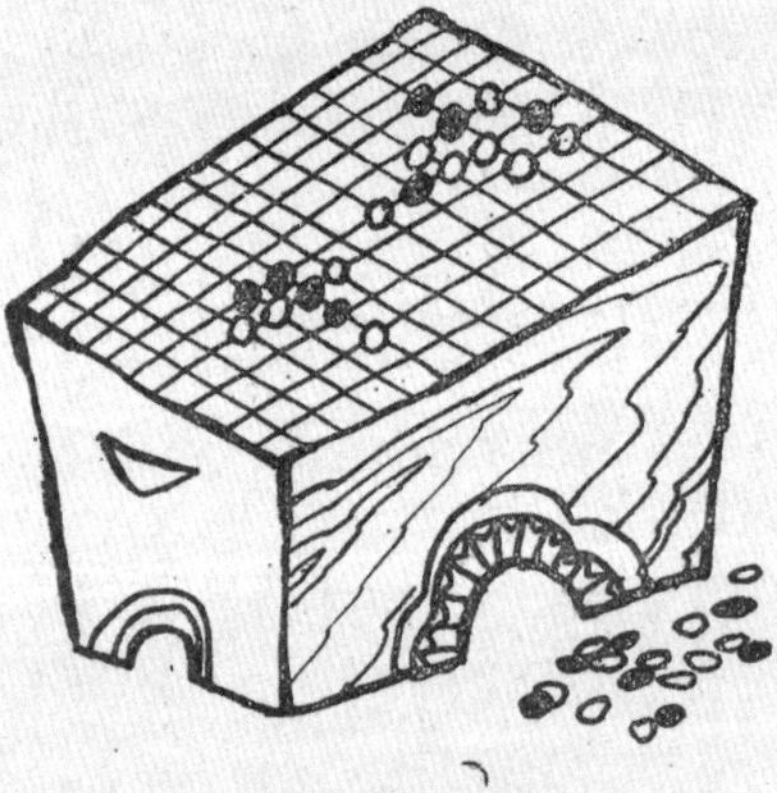

英祖王（李朝二十一代）のとき、税金のことを司《つかさど》る役人に、金守彭《きんしゆはう》といふ人がありました。

身分が高いといふのではありませんが、生れつき、竹を割つたやうな氣性で曲つたことが何よりきらひでした。

そのころは、役人がわいろを取ることを、當りまへのやうに考へてゐました。そのために税金を司る役人などは、幾年も勤めないうちに、藏《くら》が立つといふありさまでした。けれども守彭は、やましいわいろなどには目もくれません。たまに、錢や品物をこつそり持つて來る者があると、きびしく叱つて追ひかへすといふふうでしたから、しぜん、同じ役人の仲間からは、ものの分らない、うるさい男だと思はれてゐました。

王様の御庫の中に、金と銀の碁石が、何千個かしまつてありました。それを検査するとき、係りの大臣が、その中の一つを取つて眺めてゐましたが、

「これはめづらしい、一つだけ孫に持つて行つてやらう。」

といつて、それをふところへ、しまひ込みました。

そばで見てゐた守彰は、なに思つたか、つかつかと進みよると、その金銀の碁石を手に一ぱいつかみ取つて、だまつて自分のふところへ入れました。

大臣が、びつくりして聞きました。

「きみは、それをどうしようといふのだね。」

「はい、私にも子供が大ぜいをります。いまに孫もたくさん出來ませう。その孫たちに一つづつやるには、これぐらゐ無くては足りません。」

守彰のこの答に、大臣は、あいた口がふさがりません。すると、守彰は色を正して申しました

「この金銀の碁石は、國に萬一のことがあつたときの用意に、代々御庫にしまはれてゐたものです それを孫にやらうとて持出すのは、大臣にもあるまじきお心得ちがひどいふものです。かりに大臣が一つをお取りになつて、そのあとで参判《さんはん》（次官）が、また一つをとるとします。それからそれへと、つぎつぎに、何百人の書吏《しより》や下役人が一つづつ取り出すことになつたら、しまひに御庫の碁石はどうなりませうか。」

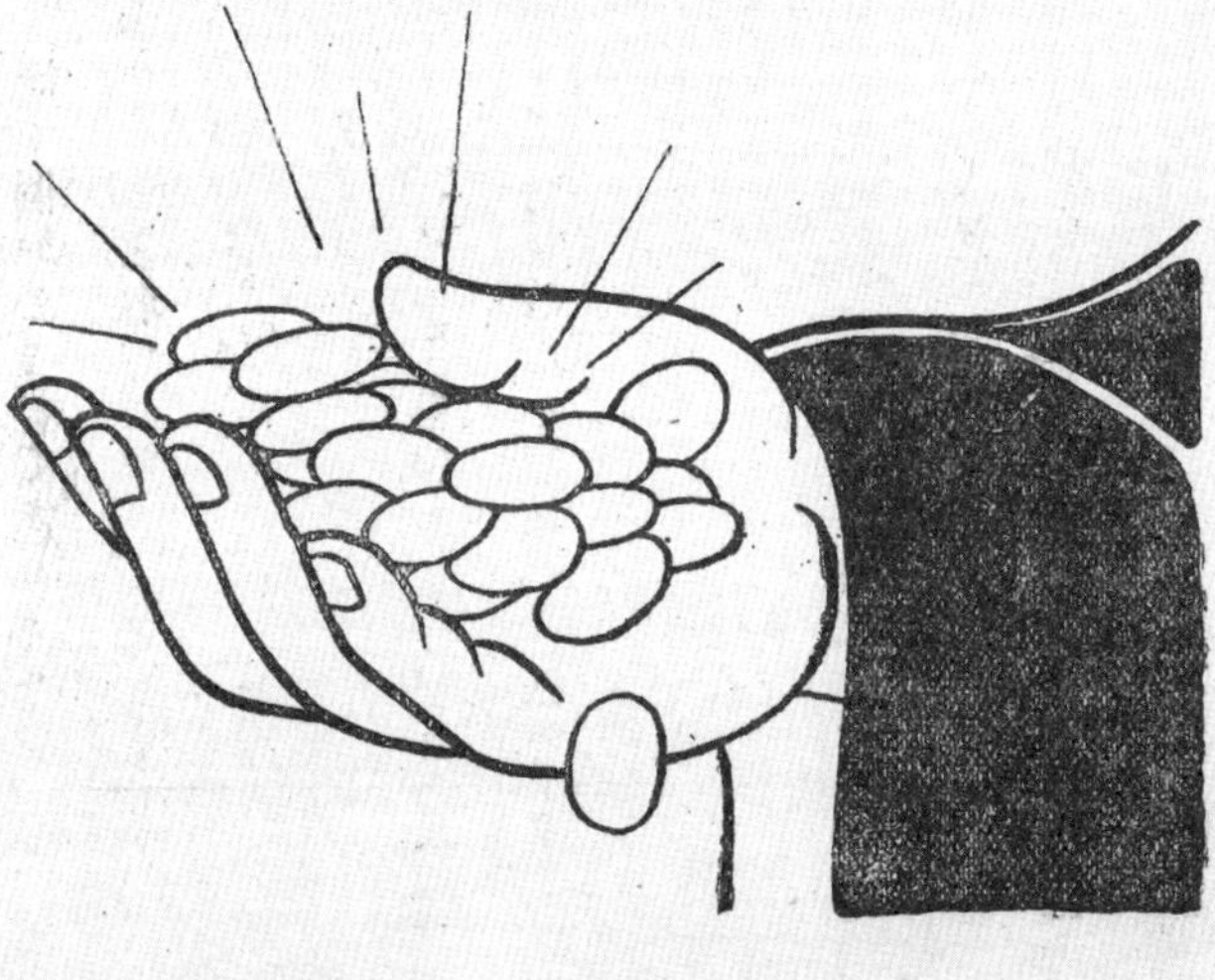

大臣は返す言葉もありません。きまりわるさうに顔を赤らめながら、ふところから、さつきの碁石を出して、もとの場所に置きました。すると守彭も自分のふところに入れた碁石を、そつくり取り出して、もとのところへ返し

ました。

あるとき守彰は、急ぎの書類をもつて、こんどはべつな大臣のお屋敷へ伺《うかが》ひました。大臣は、お客さんと碁をかこんでゐましたが、守彰を待たせたまま、いつまでたつても、碁ばんから目をはなしません。碁が負けさうになつたので、大臣はむちゆうです。

すると守彰は、碁ばんのそばへ行つて、いきなり手を出すと、碁石を、めちやめちやに、かき廻はしてしまひました。大臣は、

「無禮者、なにをするか。」

と、眞赤になつて怒りました。

守彰は、少しもわるびれずに、

「無禮は覺悟の上てす。どうか、御ぞんぶんに、お仕置を願ひます。しかし

この書類は、一刻をあらそふ急ぎの御用でございます。これを先に御覽くださつた上で、私を役人にお引渡し下さい。」

と、さう申しました。

一たん腹を立てた大臣も、それを聞くと、すぐ自分のわるかつたことに氣がつきました。大臣は、その場にかしこまつてゐる守彰の手を取ると、

「いや、かへつて、わしがあやまらねばならぬ。これからもあること、どうか、けふのことを忘れずに、まちがつたことがあれば、いつでも、えんりよなく敎へてくれたまへ。」

と、こころから賴み入りました。

目の塵　――傳承童謡　一三

かささぎ　かささぎ
水に溺《おぼ》れた　お前の子
上げてやらうに　出してくれ
この目の塵を　出してくれ。〔慶南〕

●

かささぎ　かささぎ
お前の子が　河に溺れた
ジョリで　すくへ
パカチで　すくへ。〔慶南〕

▽目に塵の入つたとき、年上の子がさすりながら――。
▽ジョリは米の石を取るのにつかふ竹あみのザル。パカチは汲みひさご。

えんの下のかめ

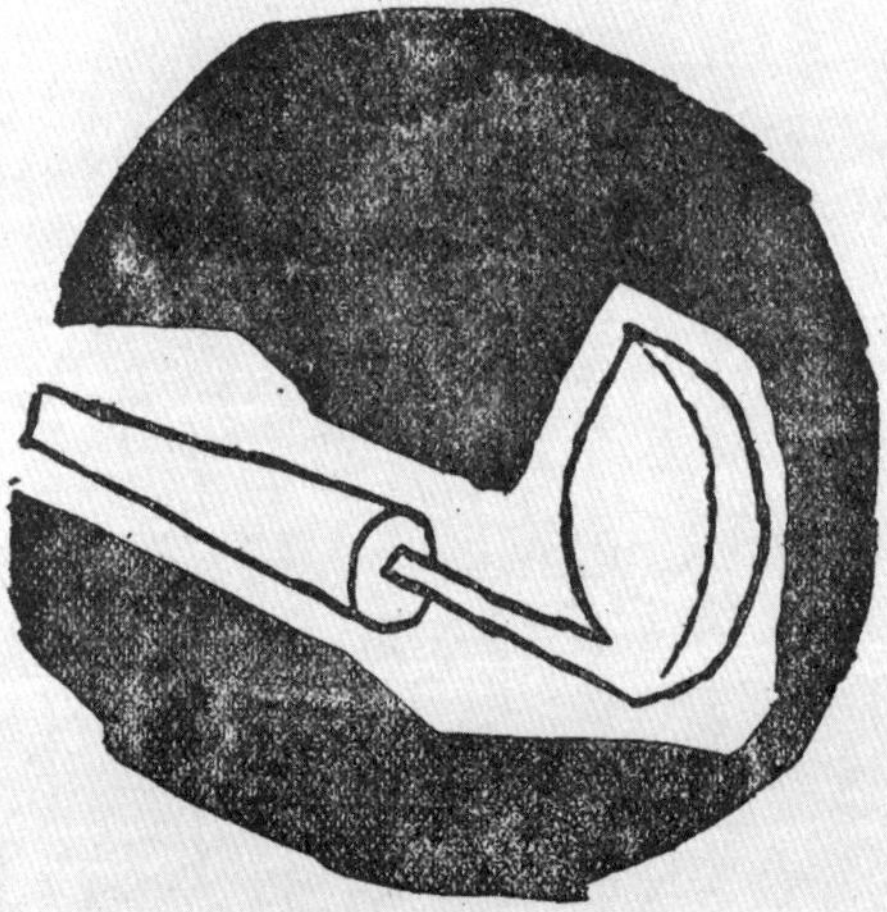

金《きん》守《しゅ》彰《ほう》が、まだ小さいときです。

早くからお父さんが亡くなつたので、守彰のお母さんは、近所の針仕事をしながら、守彰を育てました。

貧しいけれどお母さんは、心の正しい人でした。人間にとつて、一番大切なものが何であるかといふことを、お母さんはよく知つてをりました。

ある日のこと、柱《はしら》の台石《だいいし》をなほすために、お母さんは、えんの下を掘りました。すると、カチリッと音がして、なにかくはのさきに當つたものがあります。石かと思ひましたが石ではありません。

掘り出してみると、それは、まるいせとのかめでした。

「おや、誰がこんなところに、水がめを埋めたのだらう。」

お母さんはふしんに思つて、かめのふたを取りました。かめの中には、銭《ぜに》が一ぱい、つまつてゐました。

昔の人は、よく銭を土の中に埋めたものでした。さうして置けば、人にとられるしんぱいもないし、火事になつても安心です。このかめもずつと前に誰かが埋めて置いて、急に亡くなつたか、何かの都合で、そのままになつてゐたものにちがひありません。

「夢ではないかしら。」

貧乏なお母さんは、胸をとどろかせました。それだけの銭があれば、もう針仕事もせずにすみます。かわいい息子にも、よいものを着せたり、食べさせたり出來ます。

けれども、そのよろこびは、ぢきにほかの考へに變りました。もつと大切なことに、お母さんは氣がついたのです

お母さんは、かめにふたをして、またもとのやうに土をかぶせました。そして、間もなくその家を人にゆづり渡すと、べつな小さい家を手に入れて、そこへ移りました。

錢の入つてゐるかめは、もとの家のえんの下

に埋められたままです　誰もそれに氣のついた人はありません。
新しい家に移ってからも、やっぱりお母さんは賃仕事をつづけました。そして、ただ一心に、守彭の學問がすすむのを待ってをりました。

月日がたつて、守彭はりつぱな大人になりました。「戸曹《こそう》」といふ、いまの大藏省のやうなお役所に勤めて、王樣の御庫の仕事を取りあつかふやうになりました。

そのときになつてお母さんは、はじめて、もとの家のえんの下にあつた、かめの話を打ちあけました。

「あれだけのお錢《あし》を、みすみす土の中に殘して置くのは、心殘りでした。けれども、そのおかげで、お前はりつぱな人になることが出來たのです。あのとき、もしもかめを掘り出してゐたなら、わたしたちはどうなつたでせう。一時は、樂な暮しも出來たらうし、しあはせな思ひもしたでせうけれど、人間の尊い心――、苦しみとたたかひながら、どこまでもまつすぐに生きてゆくことの、ほんたうのよろこびは知らずにすんだでせう。よいことをしたと、お母さんはいまでも、よろこんでゐるのですよ。」

それを聞くと守彰は、いまさらのやうに心がひきしまりました。しあはせにたよる間違つた考へから自分を守るために、お母さんのなされた尊い苦しみを思ふと、涙ぐまずにはゐられませんでした。

（お母さんの、この御恩に報いるためにも、自分は、どこまでも清い、正しい人間にならねばならぬ。）

守彰は、さう心に誓つて、それからは、いよいよ行ひをつつしむやうになりました。

松　―傳承童謠　一四

大松林の　小松
小松林の　まつかさ
まつかさの中の　小しべ
しべの先の　松の粉。〔忠南〕

・

松の皮　ブーッ　ブッ
都の衆　役につけんで　ブーッ　ブッ
在鄕の衆　稲が不出來で　ブーッ　ブッ。〔黄海〕

▽松の小枝を樹のみきに打ちつけて、粉をはらふときの唱へ言葉。

二千文の梅

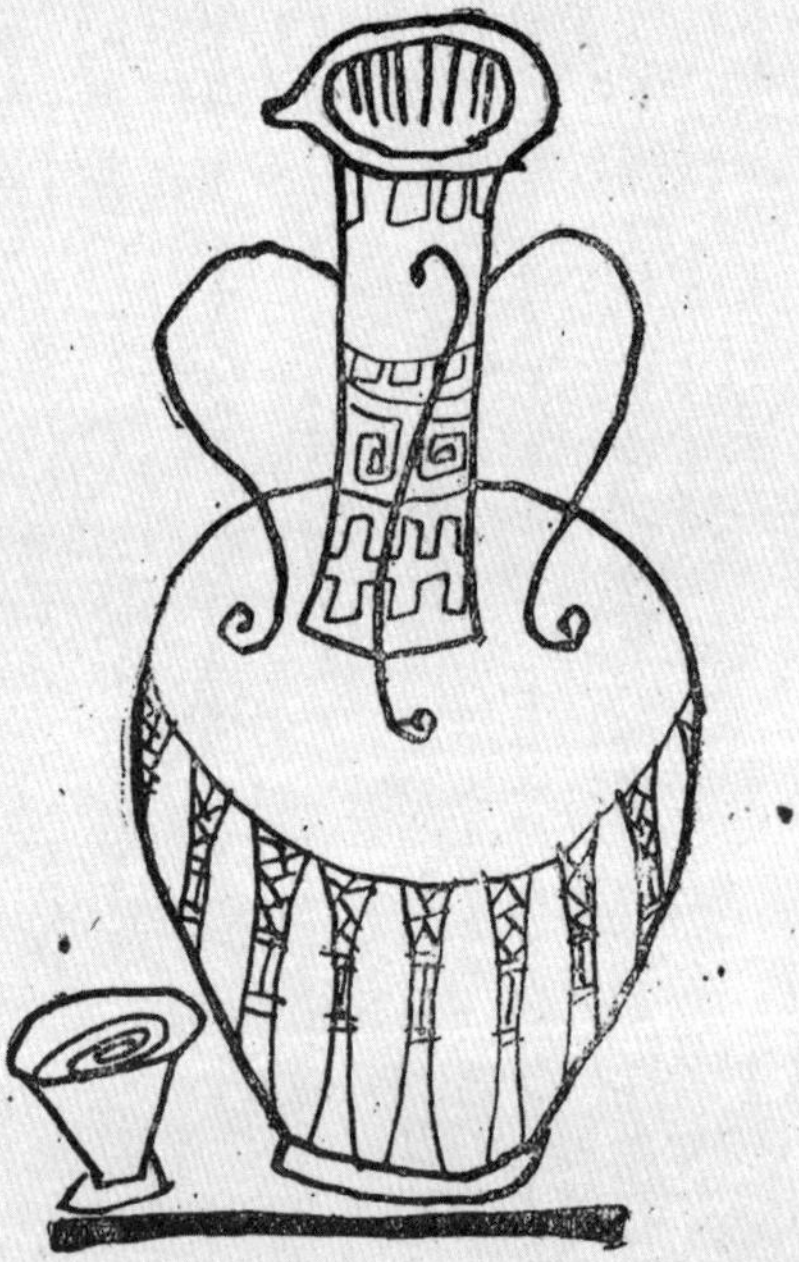

新羅の畫聖といはれた率居《そつきよ》先生をはじめ、昔から朝鮮には、すぐれた畫家が大勢ゐました。李朝時代の檀園《だんゑん》金弘《きんこう》道《だう》なども、世界に自慢してはづかしくない立派な藝術家の一人です。

繪も見事でしたが、人としての器《うつは》も、ずばぬけてゐました。人の流儀を追はず、どこまでも自分の力で新しい道をひらきましたから、線一本、點一つに至るまで、生々とした魂の力がみなぎつてゐました。

文宗《ぶんそう》王の御命令で、たびたび宮殿の壁畫を描いたり、金剛山の景色を寫したりしましたが、一つとして、他人のまねられるものはありませんでした。

王樣がどんなに檀園の繪を愛されたかは、御製の文集の中にまで檀園のことを讃《ほ》めてゐられるのでもわかります

圖畫署の畫員として王室に出入する身分ですから、さだめし、よい暮しをしてゐたに違ひない――、さう思ふ人があるかも知れません。けれども、ほんたうのところは、朝晩のけむりさへ、とぎれ勝ちなほど、檀園は貧乏でした。世の中の富や名譽を塵《ちり》と見て、ひたすら繪筆《ゑふで》の中に魂を打ちこんだのですから、貧乏するのは當りまへです。

あるとき、氣に入つた梅の鉢《はち》が賣物に出ましたが、ねだんが二千文もするので、貧乏繪師の檀園には手が出せません。梅はほしいし、錢はないし、どうしたらよいかと思案をしてゐると、そこへ折よく繪を頼みに來た人があつて、その禮金に三千文の錢を置いてかへりました。

檀園は大喜びで、さつそくその中から、二千文で梅の代金を拂ひ、八百文で、酒を買はせて、氣の合つた友達と一しよに梅の鉢を眺めながら、よい氣持で一晩を呑み明しました。そんなわけで、せつかく三千の錢が入つても、

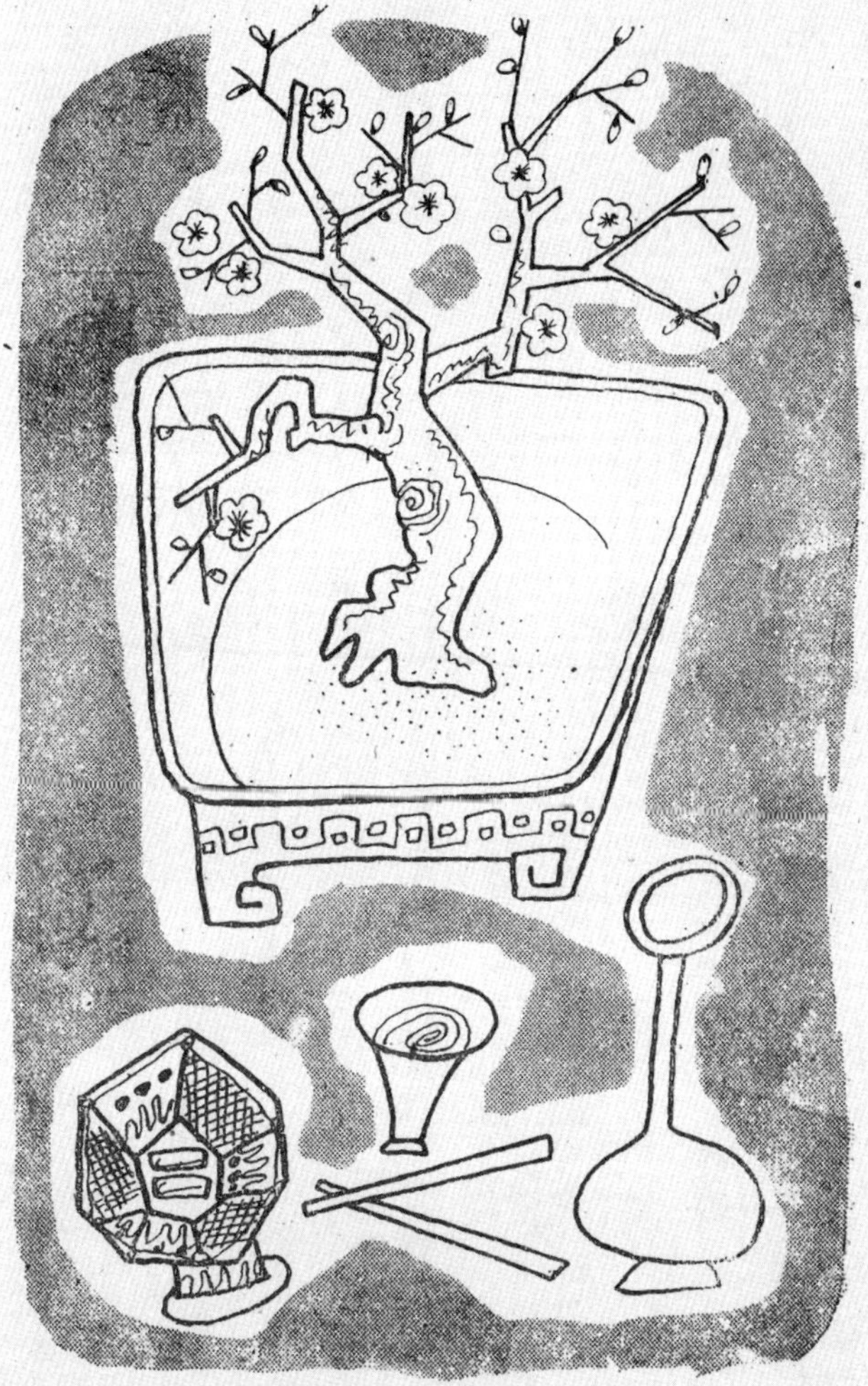

かんじんの米や薪木《たきぎ》を買ふお錢《あし》は二百文しか殘らず、一日の暮しにも足りないやうなありさまでした。

もともと東洋畫には影といふものがありません。光を土臺にしてゐないからです。その東洋畫に、はじめて影と光を與へて、陰影法《ゐんえいはふ》の繪を描《か》いたのは朝鮮では檀園が最初です。いまでも京城の李王家美術館には、檀園の描いた「鬪犬圖」といふ陰影法のりつぱな繪がのこつてゐます。

この、影と光の西洋畫法を日本で始めて取入れたのは渡邊華山でした。時代からいへば、檀園が三十年だけ早く生れてゐます。山水や人物、草花や鳥獸、なにを描いても見事でしたが、中でも檀園の得意としたのは風俗畫でした。李朝の風俗畫では、もう一人蕙園《けいゑん》といふ有名な畫家がゐますが、檀園の方がもつと力づよく、逞《たくま》しいといはれてゐます。ミレーが農夫の繪を多く描

いたやうに、檀園も、商人《あきんど》や、百姓や、鍛冶屋《かぢや》のやうな、身分のない人の風俗ばかり描きました。

胡《ご》麻《ま》 ――傳承童謠 一五

黑胡麻 白胡麻 遊んでる
荏胡麻も一しよに 入れてくれ。〔江原〕

▽遊びの仲間に、あとから入るとき。

•

胡麻の畠《はたけ》に 胡麻遊べ
粟《あは》の畠に 粟遊べ
二年 三年 ちよと遊べ
嫁入りしたらば 遊ばれぬ。〔黃海〕

人蔘の焚《たき》火《び》

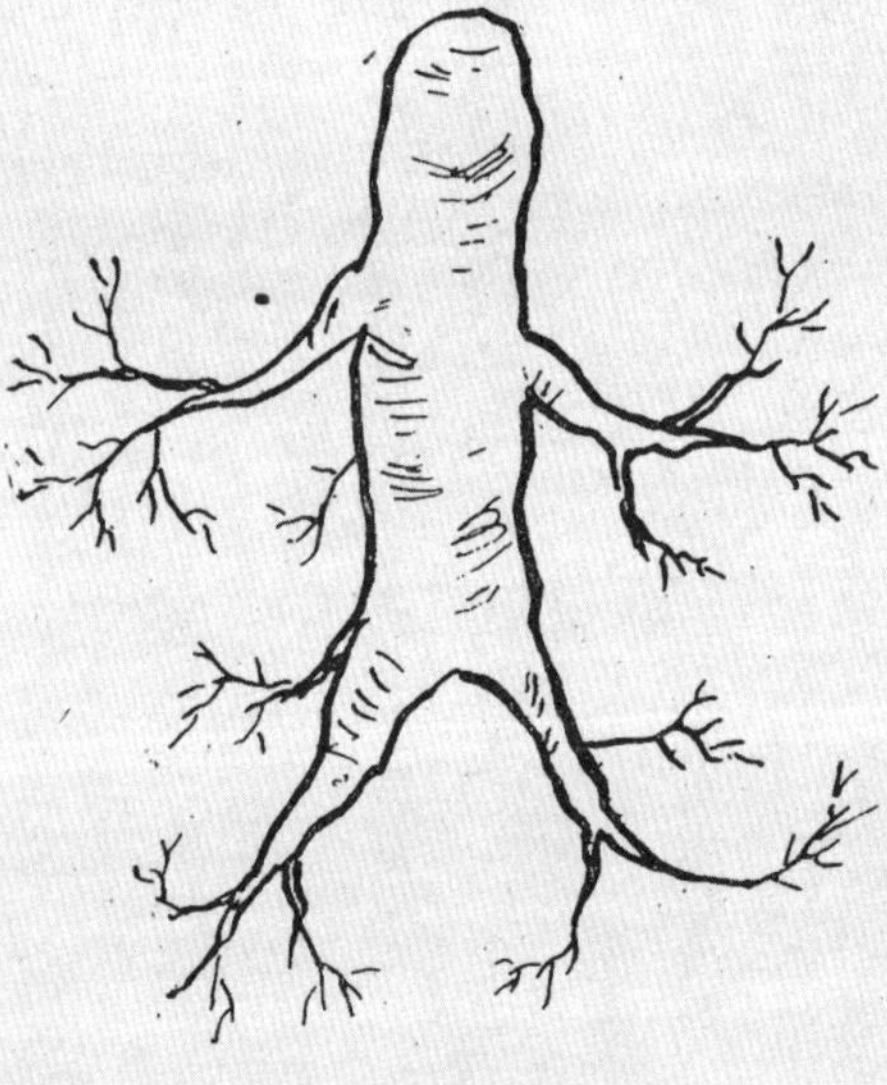

林商沃《りんしようよく》は、鴨綠江の岸の義州《ぎしう》に生れた人です。外國との取引を喜ばなかつた瑣國《さこく》時代の朝鮮にも、小さな貿易の港が三つありました。南の釜山、北の會寧《くわいれい》、西朝鮮の義州がそれです。

釜山は、日本との通商にあてられた港で、會寧は北の女眞族《じよしんぞく》が目あてでした。義州が支那のために開かれた貿易路であつたことは、いふまでもありません。

時期をきめて毎年一度づつ、支那へ送り出される商品が、この義州を通りました。そして中でも一番重な商品は朝鮮人蔘でした。

林商沃は、朝鮮人蔘の貿易權を一手に引受けてゐた巨商で、毎年何十萬兩といふ澤山の人蔘が、この人の手を通つて支那へ輸出されました。そのころ

支那の人たちは、明けても暮れても人蔘人蔘で、朝鮮人蔘を服《の》まねば、生きがひがないとさへ考へられてゐました。

ところが、ある年のことです。人蔘の荷と一しよに、北京《ペキン》（燕京）に來た林商沃は、思ひがけない目にあひました。人蔘を買はうといふものが一人もゐないのです。不思議なこともあればあるものだと、しらべてみたところ、そのわけが、やつとわかりました。

（林商沃の人蔘を一人も買はないことにしたらどうなるだらう。わざわざ、北京まで持つて來た荷物を、そのまま持ちかへるはずはない。きつと値が下つて、しまひには二束三文の安値で手放すに違ひないから、その時、一ぺんに買はうではないか。さうなつたら、ぼろいもうけが出來る。）

支那の商人たちが、こんな相談をして林商沃を、いぢめにかかつたのです。これには　さすがの林商沃も困りました。

なにしろ、何萬貫といふたくさんの人蔘です。いくら不老長壽の靈藥でも、買手がなくては商ひになりません。賣らずに持つて歸るにも、長い道のりの費用を考へると、それも出來ない相談

です。

一時は途《と》方《はう》に暮れましたが、一代の巨商といはれたほどの林商沃が、いづまでも、ためいきばかりはついてゐません。

（よし、向ふがその氣なら、こつちにも考へが

ある。）

林商沃は何を思つたか、人蔘の荷を殘らず運び出して、空地に積み上げると、自分から火をかけました。何十萬兩の人蔘を、一度《ど》に燃やして灰にしようといふのですから、こんな豪勢《ごうせい》な焚火はありません。

さあ、あわてたのは支那の商人たちです。ここで人蔘を灰にされては、まる一年の間、人蔘なしで暮らさねばなりません。林商沃が、どう出るかと、それとなく樣子をさぐつてゐた支那の商人たちは、この人蔘の焚火に肝をつぶして、飛んで駈けつけました。そして燃えさかる炎《ほのほ》の中から、先を爭つて人蔘を取り出しました。

さうなると、もう勝負はこつちのものです。いままでの三倍四倍の値で、人蔘はその日のうちに、きれいに賣れてしまひました。林商沃を困らせにかかつた支那の商人たちは、あべこべに仇を討たれて、いまさらながらに林商

沃の人物を見直しました。

商沃か義州へ歸つて來たとき、年とつたお母さんが門口へ出迎へながら、

「伜《せがれ》や、こんどの商ひはどうでしたね。」

と、ききました。すると商沃が答へました。

「お母さん、銀なら　あの馬耳山《ばじさん》の高さはあります。錦《にしき》を積んだら、お城の高さにはとどきませう。」

このへんじ一つで、そのときの樣子がわかります。商ひを商人の戰さにたとへるなら、林商沃こそは、勇氣と智慧を兼ね備へた凱旋將軍だといはねばなりません。大きな困難、大きな失敗を前にして、少しもあわてなかつたばかりか、かへつてそのために、計り知れない大きな成功をかち得たのです。

あるとき、全州といふ何百里も離れたところから、一人の見知らぬ男が林

商沃をたづねて來ました。そして、商沃に會《あ》ふなり、やぶから棒に、「錢を五萬兩お貸し願ひたい。」と、申し出でました。

林商沃は、ぢつとその男の顔を見てゐましたが、「よろしい、お貸ししませう。」といつて、その場で五萬兩の爲替を切つて、渡しました。

そばにゐた人が、その男の歸つたあとで、商沃にいひました。

「一度も顔を見たことのない人に、どうしてそんな大金を、やすやすと貸す氣になつたのですか。」

すると商沃がいひました。

「きみは氣がつかなかつたか。あの男の顔には殺氣《さつき》がみなぎつてゐる。死ぬか生きるか、よほどの大事に、せつぱづまつた人だ。その人が男と見込んでこの林商沃に頼んで來たのだ。貸 ずにはゐられまい。」

あとで、わかつたことですが、その男は全州で稅金を司つてゐた役人でし

た。國へ納める御用金をつかひ込んだために、生きてはゐられない事情でした。商沃のために、ない命を助けられたその男は、役人を棄てて商人になり、あとで成功して、五萬兩と利息を、商沃に返へして來ました。

政治家や學者になるばかりが出世だと考へてゐた昔です。林商沃ほどの巨商も、記錄の上では、なに一つ、たしかなことが殘つてゐません。けれども林商沃の人物の大きさは、たくさんの逸話となつて、今も西朝鮮に殘つてゐます。日本にも紀伊國屋《きのくにや》文左衞門《ぶんざゑもん》のやうな大きな商人が出ましたが、どこまでも外國を相手にして名を擧げたところに、林商沃の偉さがあります

「洪景來亂《こうけいらいらん》」といふ大きな內亂のあつたとき、義州の城を守り通した手柄で、朝廷から「五衞將《ごえいしやう》」に任命され、「完營中軍《くわんえいちゆうぐん》」といふ位を授けられましたが、林商沃は辭退してお受けしませんでした。支那から難題を持ちかけられて困

つたときも、林商沃は使臣の随行員となつて北京へ出向き、よい働きをして國のために盡しました。

李朝の正祖《せいそ》三年（紀元二四三九年）に生れて、哲宗《てつそう》六年、七十七歳で世を終りましたが、林商沃の一番目ざましく働いたのは純祖《じゆんそ》の時代です。

山　——傳承童謠　一六

前の山よ　引いてくれ
うしろの山よ　押してくれ
すねも踏んばれ　うーとこしよ。〔慶南〕

▽山で薪などとつてかへるとき、重い荷をせおつて立上りながら。

古山先生と朝鮮地圖

いつ、どこの世の中にあつても、時代に目ざめ、一歩先を歩まうとする者は、それだけ大きな苦しみを荷はなければなりません。信念が強ければ強いほど、その苦しみは、いよいよ大きなものとなるのです。

朝鮮にも、昔から多くのかうした先覺者がゐました。志《こころざし》のために一生をふり棄ててかへりなみかつた人は、何十人、何百人ゐたかわかりません。ここにいふ古山《こざん》先生も、先覺者の名にふさはしい多くの苦しみと、またその苦しみに値《あたひ》するだけの、見事な功績を殘した人の一人です。

古山先生は、名を金正浩《きんしようかう》といつて、黄海道の生れであるといふことだけしか知られてゐません。誰の子孫か、どういふ家柄か、いつ生れて、いつ世を去つたか――。さうしたことが一切知られてゐないのです。それどころか、

心から許しあつてゐた崔漢綺《さいかんき》といふ一人の友がゐなかつたら「古山金正浩」の名前すら、後の世には傳はらなかつたかも知れません。この崔漢綺といふ人は、天文その他について、三百巻の書物を著はした學者でしたが、この人と古山先生は、ほぼ同じ時代であるところから推《お》しはかつて、先生の年代が李朝の末期純祖《じゆんそ》王より　高宗（徳壽宮李太王殿下、光武）の初年にわたつてゐるといふことだけは、おぼろげながら、うかがはれます。

正確な朝鮮地圖の完成――。これが古山先生の成し遂げた事業です。「大東《だいとう》輿《よ》地圖《ちづ》」といつて、この二十二帖の新式地圖は、半島の學界が誇る寶の一つとなつてゐますが、古山先生がこの事業を成し遂げるまでには、筆にも口にもつくせぬほどの、大きな苦勞がはらはれてゐます。

先生の系圖《けいづ》が傳はつてゐないのは、とりもなほさず家柄が低かつたしようこです　家柄一つがものをいつてゐた當時の社會で、しかも、一番卑《いや》しめら

れた手仕事（地圖の彫刻）をしてゐたのですから、先生が世の中から、どんな扱《あつか》ひを受けてゐたかは、想像してみるまでもありません。

先生は三十年もかかつて、朝鮮中をくまなく歩きまはり、一々實地に調査して、あらゆる艱難《かんなん》と戰ひながら、つひに完全正確な半島の全圖を完成しました。こんどはそれを板木《はんぎ》に彫刻した上、哲宗《てつそう》の十二年、「大東輿地圖」二十二帖と、「大東地志」三十二巻を著はしましたが、これほどの貴い事業に對して、朝廷は功勞に報いるどころか、國の祕密を洩らす者だといつて、板木をのこらず火に燒き、先生の身柄まで牢につないでしまひました。

苦しみ多い一生を、ただ一すぢの信念にささげて、古山先生は六十幾歳の老《おい》の身を牢で亡くなられました。先生には、ただ一人の娘がありましたが、西大門《だいもん》の貧しい家で父の仕事を助けながら、三十歳を過ぎるまで、とうとう人につれ添ふことも出來ませんでした。

「大東輿地圖」は、朝鮮半島を横十二段に分けた折だたみ式地圖で、十里方眼を添へて、一目で距離の測定が出來るやうになつてゐます。

日清戰爭のとき、我軍は、もつとも正確な軍用地圖として、この「大東輿地圖」を用ひました　最近になつて、土地調査局の「實測圖」が出來ましたが、それまでは古山先生のこの「大東輿地圖」だけが、ただ一つの權威ある朝鮮地圖でした。

先生には、この他に地球儀の製作もあつたといはれます。高野長英や、佐久間象山《しやうざん》のやうな日本の先覺者と時を同じくして、朝鮮に古山先生が生まれてゐたといふのは、いろいろな意味で、興味深いことではありませんか。

めくら鬼　――傳承童謠　一七

めん　めん　めくら　どこへ行く
子供さらひに　出かけます
子供はさらつて　何にする
鼻のくすりを　こしらへる、
河は東か　それと　西か
渡してやらうに　あててみな。〔慶南〕

▽「めくら鬼」といふ遊びに、鬼を中にしてはやし立てる。

著者略歷

一、明治四十年生。筆名　金素雲、戸籍名　鐵甚平。

一、昭和四年より二年間、京城日報社學藝部記者。昭和八年、總督府學務局の協贊支持の下に朝鮮兒童教育會を設立、傍ら全鮮八十萬の就學兒童のために課外雜誌「兒童世界」「新兒童」「木馬」を主宰した。十三年まで。

一、過去、現在、將來を通じて、內鮮の文化交流に寄與する手辨當持參の雜役夫たることを一貫した目標としてゐる。今後二十年は「國譯朝鮮語辭典」の完成に專念。

一、著書　朝鮮傳承童民謠に關する四五種。（岩波文庫二、新潮文庫一、第一書房其他四）童話集「石の鐘」「青い葉つぱ」「三韓昔がたり」、「朝鮮史譚」、評傳「恩田木工」、他に、譯詩集、隨筆集など。

昭和十八年五月二十日印刷
昭和十八年五月廿五日發行
（五、〇〇〇部）

黄ろい牛と黒い牛

定價（停）一圓五拾錢
特別行爲稅相當額拾錢
合計 一圓六拾錢

出文協承認
ア390135號

著者 鐵《てつ》 甚《じん》 平《ぺい》

發行者 東京市神田區神保町一ノ三〇
大谷德之助
出文協會員第一一九〇五〇號

印刷者 東京市神田區神保町三ノ二三
佐藤三次
三美堂印刷所
（東東三二六九號）

發行所 東京市神田區神保町一ノ三〇
天佑書房
電話神田(25)四七二七番
振替口座東京七七四番

配給元 東京市神田區淡路町二ノ九
日本出版配給株式會社